KB067408

존경받는 부자들의
어린 시절 이야기

존경받는 부자들의 어린 시절 이야기

1판 1쇄 인쇄 2016년 9월 5일
1판 1쇄 발행 2016년 9월 10일

지은이 이광렬
그림 DG Studio
펴낸이 이윤규

펴낸곳 유아이북스
출판등록 2012년 4월 2일
주소 서울시 용산구 효창원로 64길 6
전화 (02) 704-2521
팩스 (02) 715-3536
이메일 uibooks@uibooks.co.kr

ISBN 978-89-98156-61-9 43190
값 12,000원

모델명 존경받는 부자들의 어린 시절 이야기
제조연월 2016.9.5   **제조자명** 유아이북스   **제조국명** 대한민국
주소 서울시 용산구 효창원로 64길 6 일진빌딩 **전화번호** 02-704-2524

세상을 바꾸는 부자들의 어린시절 이야기

글 이광렬 | 그림 DG Studio

유아이북스
Ultimate Information

머리말

    세계 역사를 보면 수많은 위인들이 있었습니다.

    그들 중에는 보통 사람들은 감히 상상도 할 수 없을 만큼 엄청난 부를 이룬 이들이 있었지요. 그들 가운데에는 부유한 가정에서 태어나 자란 이도 있지만, 대부분은 눈물겹게 힘든 상황 속에서도 꿈을 잃지 않고 한 걸음 한 걸음 나아가 부자가 된 사람들이었습니다.

    어떤 이는 기발한 아이디어 하나로 부자가 되었는가 하면, 어떤 이는 작은 돈이라도 종자 씨처럼 아끼고 모아 그것을 밑거름 삼아 거대한 기업을 이루어 냈습니다. 또 예체능 방면의 재능을 피나는 노력으로 갈고닦아 그 분야에서 명성을 얻음으로써 부자가 된 경우도 있었습니다.

    그런데 이들에게는 주어진 환경이 어떠하든 보통 사람들과 구별되는 남다른 어린 시절을 보냈다는 공통점이 있습니다. 이들이 어린 시절을 어떻게 보냈으며 또 그 부모는 이들을 어떻게 키우고 교육시켰는지 알아보는 것이 그래서 중요합니다.

　어려서부터 공부를 잘하는 것도 중요하지만, 그보다 더 중요한 것은 내가 가지고 있는 재능이 무엇인지, 그리고 커서 무엇을 하고 싶은지 그것을 고민해 보는 것입니다. 이 책은 바로 그런 고민을 해결하는 데 도움을 주고 싶은 마음에서 쓰였습니다. 특히 어려운 환경을 딛고 부자가 된 이들은 어린 시절, 보통 사람들과 어떤 점이 달랐는가에 주목했습니다. 이 책을 읽는 어린이들도 부자들의 어린 시절 생활 모습을 본받아 발전시킨다면 그들만큼 큰 부자는 되지 않더라도 보다 의미 있는 삶을 살게 될 것입니다. 아무쪼록 이 책이 어린이들이 살아나가는 앞길에 작은 나침반이 되어 주기를 기대해 봅니다.

2016년 8월
지은이

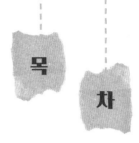

목 차

빛나는 미래는 꿈꾸는 자의 것

앤드류 카네기

가난한 직조공의 아들,
억만장자가 되다

열 살 소년 앤드류는 어느 날, 집 뒤에 있는 산에 올라가 놀다가 우연히 산토끼 한 마리를 잡았습니다. 함께 놀던 친구들은 토끼가 불쌍하니 놓아주라고 야단이었습니다. 그러나 앤드류는 친구들의 말을 듣지 않았습니다.

'흠, 이 녀석을 잘 길러서 새끼를 낳아 팔게 되면 적지 않은 돈을 모을 수 있을 텐데, 그건 안 되지……'

앤드류는 산토끼를 집에 데려와 몇 달 동안 정성껏 키운 끝에 예상했던 대로 열세 마리의 새끼 토끼를 얻게 되었습니다. 그런데 토끼 수가 많아지니 어린 앤드류 혼자 힘으로는 기르기가 쉽지 않았습니다.

'어떻게 하면 좀 더 쉽게 토끼를 기를 수 있을까?'

좀처럼 좋은 생각이 떠오르지 않았습니다. 바로 그때 할아버지가 다가오시더니 이렇게 말씀하시는 거였습니다.

"앤드류, 너 혼자 토끼 열세 마리를 기르는 게 쉽지 않지?"

"네, 할아버지. 그런데 금방 괜찮아질 거예요. 제가 지금 생각해 둔 게 있거든요."

"그래? 네가 생각한 게 뭐니?"

"아직 말씀드리기는 일러요. 조금만 기다려 주세요."

앤드류는 그길로 마을로 뛰어갔습니다. 그리고 얼마 후에 친구들 열두 명과 함께 집으로 돌아왔습니다.

"할아버지, 이제 토끼 기르는 거 별로 어려울 거 없어요. 친구들이 각자 한 마리씩 맡아서 기르기로 했거든요. 할아버지도 한 마리만 맡아서 길러 주세요. 그러면 지금 기르고 있는 토끼들이 저를 포함해서 모두 주인이 있는 셈이에요. 각자 이름도 짓기로 했어요. 제 토끼 이름은 앤드류예요. 어때요?"

"참 훌륭한 생각을 했구나. 친구들이 한 마리씩 맡아서 열심히 길러 준다면 할아버지도 한 마리 맡아서 길러 주마. 대신 이 토끼를 다 키워서 팔게 되면 나도 한몫 챙겨주어야 한다."

"네, 할아버지. 틀림없이 그렇게 할게요."

친구들이 모두 집으로 돌아간 후, 어린 앤드류는 할아버지에게 말했습니다.

"이제 토끼 먹이 걱정까지 말끔히 없어졌네요."

어린 앤드류는 신이 났습니다.

할아버지는 앤드류가 그렇게 기발한 생각을 해낸 것이 놀라울 뿐이었습니다. 웬만한 어른보다 낫지 싶었습니다.

"앤드류야, 네가 이다음에 어른이 되면 아주 훌륭한 사업가가 될 것 같구나. 대단한 능력이 네 머리에서 자라고 있는 걸 이 할아버지는 똑똑히 보았단다."

할아버지는 앤드류의 머리를 쓰다듬어 주었습니다.

칭찬을 받은 앤드류는 모든 일에 자신감이 넘치는 아이로 자라났습니다.

그런데 이 자신감을 바탕으로 그는 엄청난 부자가 되기도 했지만, 동시에 그는 훌륭한 효자이기도 했습니다.

어린 시절, 앤드류의 집안은 몹시 가난했습니다. 하루 24시간 일을 해도 입에 풀칠하기 어려운 직조공 아버지와, 하루 열여섯 시간씩 힘든 노동을 해야만 하는 어머니⋯⋯. 이런 형편이다 보니 앤드류도 어린 나이에 생활 전선에 뛰어들어야 했습니다. 낮에는 공장에서 일하고 저녁에는 청소부 노릇을 해야 했지요.

앤드류가 일을 끝내고 밤늦게 퇴근하면, 어머니는 늦은 시간임에도 불구하고 아들의 속옷을 빨아 난로에 말렸습니다. 내의가 딱 한 벌뿐이어서 갈아입으려면 그 방법밖에 없었습니다. 앤드류는 그렇게 고생하시는 어머니를 볼 때마다 가슴이 쓰리고 아팠습니다. 부모님을 원망하고 불평을 쏟아놓을 수도 있는 상황이었지만, 앤드류는

| 16세 때 동생 토머스와 함께

달랐습니다. 오히려 어머님을 위해 결혼까지 미루면서 효도를 다했답니다.

가난을 견디다 못해 카네기 가족은 마지막 희망을 안고 모험과 불안이 도사리고 있는 미지의 땅, 미국으로 이민을 가기로 마음먹었습니다. 그러나 이사하는 데 필요한 비용을 마련하기가 어려웠습니다. 어머니가 결혼 선물로 받은 낡은 금반지와 목걸이까지 팔아 돈을 긁어모아 보았으나 역부족이었습니다.

이 사실을 알게 된 어머니의 친구, 헨델슨 부인이 카네기에게 기쁜 소식을 알려왔습니다. 모자라는 뱃삯 20파운드를 선뜻 빌려주겠다는 것이었습니다. 언제까지 돌려달라는 말도 없이 말이에요. 그것도 멀리 낯선 땅으로 이민 가는 사람들을 믿고 돈을 빌려주겠다는 것이었습니다.

"고맙습니다. 빌려주신 돈은 언젠가 꼭 갚겠습니다."

카네기 가족은 너무나 고맙고 감격스러웠습니다.

카네기 가족은 그날의 감동을 뒤로하고 미국에 도착하자마자 이를 악물고 일했습니다. 가족들 모두 고생을 참고 부지런히 뛰었습니다. 그러면서 헨델슨 부인의 돈을 갚기 위해 하루에 50센트씩 꼭꼭 저축을 했습니다.

그렇게 어렵게 모은 돈이 어느덧 이십 파운드가 됐습니다. 드디어 빚을 갚을 수 있게 된 거예요. 이 돈을 송금 수표로 바꾸고 앤드류 가족은 집에서 파티를 벌였습니다.

"이제 빚을 갚고 자유롭게 되었다!"

가족들은 서로 축하의 말을 주고받으며 그간의 고생을 함께 위로해 주었습니다.

이때 앤드류는 상기된 얼굴로 가족 앞에 서서 유명한 말을 합니다.

"이제 빚은 갚을 수 있어요. 그러나 우리가 받은 은혜는 영원히 갚지 못할 거예요. 그러니까 우리 이 은혜에 대해 평생 고마운 마음을 지니고 살아가기로 해요."

이 얼마나 멋진 말인가요? 이런 깨끗하고 아름다운 마음이 하늘을 움직여 훗날 위대한 업적을 남기게 된 것 아닐까요?

그런데 앤드류 카네기가 오늘날까지 많은 선행으로 세상에 이름을 날릴 수 있었던 것은 그의 어머니의 가르침 덕분이었습니다. 그의 어머니 마가렛은 앤드류가 가난 속에서도 용기를 잃지 않도록 항상 힘을 북돋아 주고, 포기하지 않고 인내로 끈질기게 살도록 이끌어 주었습니다.

어린 시절, 마거릿은 앤드류가 이웃 아이들과 토끼풀을 뜯어 들고 오는 것을 지켜보다가 앤드류의 풀 다발이 제일 크지 않으면 당장에 호통을 쳤습니다.

"앤드류, 남들이 다 뜯어오는 토끼풀을 고작 그것밖에 못 뜯었어? 어서 가서 더 뜯어 오너라."

어머니는 앤드류가 남에게 뒤지는 것을 허락하지 않았습니다. 냇가에서 물장난을 치고 놀다 올 때도 옷이 가장 많이 젖어 있어야 인정을 했을 정도였습니다. 어머니는 무엇을 하든지 최고가 되어야 한다는 사실을 어렸을 때부터 앤드류의 마음에 새겨 주었던 것이지요.

앤드류는 12살 때, 방직공장에 취직을 했습니다. 그는 공장 최고의 직원이 되겠다고 결심하고 누구보다 열심히 일했습니다. 어느 날, 그

| 1906년 흑인 지도자 부커 워싱톤(앞줄 가운데)과 함께

를 지켜본 사람 중 한 명이 그에게 우편집배원 자리를 추천해 주었습니다. 그곳에서도 그는 미국 제일의 집배원이 되겠다는 신념으로 최선을 다했습니다. 그 결과, 그는 전신기사로 승진하며 출세가도를 달리게 되었습니다. 최고가 되겠다는 신념은 그가 어느 자리에 있든지 최고의 힘을 발휘하게 했습니다. 그 힘이 훗날 그를 백만장자로 만든 밑거름이 되었던 것입니다.

미국의 주요 신문들도 카네기가 막대한 부를 이루게 된 배경이 어린 시절, 어머니가 심어 주신 품성 때문이라고 분석한 바 있습니다. 실제로 카네기는 중요한 결단을 내릴 때마다 어머니의 목소리를 떠올렸다고 합니다.

가난한 환경 속에서 당대 최고의 부를 일군 카네기. 그는 자신의 재산 4억 8천만 달러에서 부인과 딸의 몫을 뺀 나머지를 몽땅 사회에 기부했습니다. 당시로서는 천문학적인 액수였지요. 이 역시 사회 공헌에 있어서도 최고가 되겠다는 카네기의 결심이 발휘된 결과였습니다.

어느 날, 로이 스펜서라는 사람이 카네기를 찾아와 상담을 하게 되었습니다.

"회장님, 어떻게 하면 저도 회장님처럼 부자가 될 수 있을까요? 저는 운전을 하는데 돈이 모이지 않아 항상 가난합니다."

그는 트럭 운전수였는데, 도무지 트럭 운전만으로는 가난에서 벗어

날 길이 없으니 부자가 될 좋은 방법이 없겠느냐고 상담을 요청한 것
이었습니다.

스펜서의 말을 다 듣고 나서 카네기가 조용히 물었습니다.

"스펜서 씨, 취미가 무엇이죠?"

"잔디 깎는 일입니다. 세상에서 잔디 깎는 일이 제일 즐겁습니다."

그러자 카네기가 말했습니다.

"바로 그거예요. 트럭 운전으로 미래에 대한 비전이 없다고 판단되
면 잔디 깎기로 직업을 바꾸고 그 일에 최고가 되겠다는 열의를 가져
보세요. 분명히 성공할 것입니다."

스펜서는 카네기의 말에 동의하기가 어려웠지만, 자신의 판단을 앞
세울 수 있는 입장이 아니었으므로 일단 그의 조언대로 트럭 운전 일
부터 그만두었습니다. 그리고 나서 바로 '잔디를 깎아드립니다'라는
광고를 내고 오로지 그 일에만 몰두하기로 했습니다.

'나는 잔디 깎는 직업으로 성공하리라.'

스펜서의 열의는 빛을 발했습니다. 머지않아 잔디 깎기 전문 기술자
로 세상에 알려지게 되면서 잔디를 깎아 달라는 주문이 쇄도하자, 그
는 아예 회사를 만들어 운영해야 할 정도로 대성공을 거두었습니다.

스펜서의 경우에서 확인했듯이 성공은 거창한 일에서 출발하는 것

이 아닙니다. 내가 하고 싶은 일이 아무리 사소하더라도 열의만 있으면 성공은 멀지 않은 곳에 있답니다.

카네기는 '자신이 이룩한 엄청난 성공과 부는 직원들이 마련해 준 것'이라고 말하면서, 주위 사람들에게 늘 칭찬을 아끼지 않았다고 합니다.

사람은 누구나 남에게 인정받기를 원하지요. 내가 칭찬을 하면 상대방도 나를 칭찬하게 됩니다. 반대로 비판의 말을 하게 되면 곧 그 비판은 부메랑이 되어 바로 나에게 되돌아오게 되는 게 인간관계의 이치입니다. 진심에서 우러난 칭찬은 예측 못한 성공의 위력으로 나타나게 됩니다.

카네기는 세상을 떠나는 순간까지도 직원들을 칭찬하고 격려했습니다. 그리고 자신의 묘비에 다음과 같이 새겨 넣었다고 합니다.

'자신보다 현명한 사람들을 주변에 끌어모으는 방법을 알고 있던 인간이 여기에 잠들다.'

앤드류 카네기
Andrew Carnegie

- 미국 철강 왕
- 기업인 · 자선사업가
- 국적 : 미국
- 출생~사망 : 1835년 11월 25일, 영국 스코틀랜드~1919년 8월 11일
- 활동 분야 : 경제
- 주요 업적 : 미국 최초의 근대 기업가, 교육 · 문화 사업

대표 명언

'내일은 없다' 라고 생각하고 오늘을 살아라. 오늘이 내일이다.

언뜻 보기에 보잘것없는 일이라도 최선을 다해야 한다.
작은 일이라도 훌륭히 해내다 보면 큰일은
당연히 잘해낼 수 있다.

스스로를 낮추거나 현재에 머물려는 것은 가장
나쁜 습관이다.

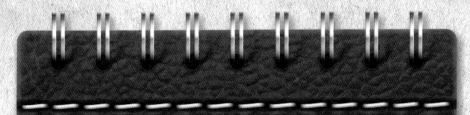

존 록펠러

세계 최고 갑부의
위대한 유산

미국의 석유 왕으로 불리는 존 록펠러는 어릴 때부터 사업적인 수완이 남달랐다고 합니다.

불과 일곱 살 때의 일입니다. 그는 야생 칠면조 둥지에서 알을 가져다 부화시킨 다음에 칠면조를 길러 시장에 내다 팔게 되었습니다. 그렇게 모은 동전들을 3년간 저축했는데, 그는 여기에 만족하지 않았습니다. 그는 이웃집 농부에게 50달러를 빌려주고 이자를 받겠다는 생각을 했습니다. 그는 1년 뒤 원금과 함께 3달러 50센트의 이자를 받게 되었는데, 이 일을 통해 스스로 많은 것을 느끼게 되었습니다. 이자로 받은 돈이 그가 하루 열 시간씩 열흘간 감자를 캐야 얻을 수 있는 큰 금액이었기 때문입니다.

그는 세계 최고의 부자인 동시에 정치계의 거물이었습니다. 유명한 스탠더드 석유회사를 운영했고, 미국의 부통령과 주지사까지 역임한 인물이었으니까요. 그는 한때 미국 석유 생산량의 95%를 장악했을 만큼 역사상 유래를 찾기 힘든 부와 명예를 일구었습니다. 재단을 세우고 사회사업에도 앞장섰는데, 무려 24개 대학과 4928개 교회를 지어 헌납했습니다.

어느 날, 한 언론사 기자가 록펠러에게 물었습니다.

"무엇이 당신을 세계 제일가는 부자로 만들었습니까?"

질문을 받은 그는 '부모님으로부터 굉장한 유산을 물려받았기 때문'

이라고 답했습니다. 이해가 안 되는 말이었습니다. 그의 아버지가 내세울 것 없는 평범한 순회 판매원이었다는 사실을 많은 세상 사람들이 알고 있었기 때문입니다.

록펠러가 부모님으로부터 물려받았다는 '굉장한 유산'은 정신적 유산이었습니다. 그는 기회가 있을 때마다 이것을 강조했습니다.

"저의 성공 비결은 어머니로부터 물려받은 세 가지 정신적 유산을 잘 실천한 것이었습니다."

첫 번째 유산은 기부 습관이었습니다. 록펠러의 어머니는 일주일에 20센트씩 받는 용돈에서 반드시 십일조를 하도록 가르쳤는데, 록펠러는 후에 회사를 운영하면서도 십일조 기부의 습관을 철저히 지켰습니다. 회사가 번창하여 많은 돈을 벌게 되고 나서는 아예 별도로 십일조 전담 부서를 둘 정도였다고 해요.

두 번째는 시간을 철저히 지키는 것이었습니다.

록펠러의 어머니는 일요일마다 아들의 손을 잡고 교회에 갔는데, 항상 예배 30분 전에 도착해서 맨 앞자리에 앉아 예배를 드리곤 했다고 합니다.

세 번째는 겸손한 마음가짐입니다.

록펠러의 어머니는 그가 어릴 때부터 항상 교회의 일에 순종하고, 목사님의 마음을 아프게 하지 말라고 가르쳤는데, 이런 가르침이 훗날 그를 다른 사람들 앞에서 늘 겸손하고 타인을 배려하는 사람으로 만들어 주었다고 합니다.

어머니로부터 이렇게 삶의 기본 철학을 배웠다면, 경제적인 감각은 아버지로부터 물려받은 것이었습니다. 그의 아버지는 매일 저녁 일을 마치고 돌아오면 어린 록펠러와 많은 이야기를 주고받았습니다. 주로 낮에 있었던 일들로, 물건을 어떻게 사고팔았는지, 돈을 어떻게 벌었는지에 대한 내용들이었습니다. 그런 이야기를 들으며 록펠러는 장사하는 법을 조금씩 배워 나갔습니다.

그러나 신앙심이 깊었던 어머니는 아들이 장사를 배우는 것이 못마땅했습니다. 이 문제를 놓고 록펠러의 부모는 자주 다투었습니다. 그럼에도 불구하고 아들에게 경제 교육을 시키고자 하는 아버지의 생각은 확고했습니다. 그래서 용돈을 줄 때도 절대로 그냥 주는 법이 없었습니다. 록펠러는 용돈을 받기 위해서 반드시 일을 해야 했으며, 아버지는 그가 일한 시간만큼 정확하게 계산해서 용돈을 주었습니다. 그런 가운데 록펠러는 자연스럽게 노동의 가치를 깨달아 갔습니다.

아이가 스스로 용돈을 벌게 하면서 경제관념을 습득하게 하는 것은 록펠러 집안의 전통이 되었습니다. 록펠러는 스스로 세계적인 부자가 된 후에도 자신의 아이들에게 절대 용돈을 함부로 주는 법이 없었습니다. 부모가 물려준 이러한 정신적 유산은 록펠러의 삶에서 놀라운

창의력을 발휘하게 했습니다.

록펠러가 어렸을 때 일입니다.

어느 날, 사탕가게 아저씨가 록펠러에게 착한 일을 했다면서 사탕을 한 움큼 집어가라고 했습니다. 그러자 어린 록펠러는 겸손한 태도로 이렇게 말했습니다.

"아닙니다, 저는 됐습니다. 정 주시겠다면 아저씨가 직접 집어주세요."

이 말을 들은 가게 아저씨는 감동을 했습니다.

"너처럼 욕심 없는 애가 다 있다니!"

그러고는 록펠러에게 사탕을 한 움큼 집어주었습니다.

가게 문을 열고 나오며 어머니가 물었습니다.

"어쩌면 그렇게 예의 바르고 기특한 말을 하니?"

록펠러의 대답이 걸작이었습니다.

"내 손보다 아저씨 손이 더 크잖아요. 아저씨가 주셔야 더 많은 사탕을 받을 수 있을 것 아니에요?"

뜻밖의 말에 어머니는 혀를 내둘렀습니다.

그의 부모님이 자식들에게 어렸을 때부터 경제 교육을 철저하게 시킨 것은 자식들만은 자신들처럼 가난하게 살지 않게 하고픈 바람 때문이었습니다. 그의 부모님은 그가 어릴 때부터 부자가 되는 습관을 차근차근 지도하면서 미래를 향한 용기와 희망을 키울 수 있도록 이끌었습니다.

록펠러는 자라는 과정에서 자신의 몫은 철저하게 챙겼지만, 자기 것이 아니면 조금도 탐을 내지 않았습니다. 아버지의 재산도 자신과는 아무 상관없으며 그저 아버지의 재산일 뿐이라는 생각이 분명했습니다.

훗날 그가 회사 대표가 되어 사무실에서 업무를 보고 있을 때, 한 젊은이가 찾아와 물었습니다.

"어떻게 하면 저도 당신처럼 많은 돈을 벌어서 부자가 될 수 있겠습니까?"

"부자가 되고 싶다고? 그렇다면 나를 따라오게나."

록펠러는 젊은이를 데리고 사무실 옥상으로 올라갔습니다.

옥상 위에서 한길을 내려다보니 달리는 자동차들이 개미 같이 작게 보였습니다.

"이 옥상 난간을 잡고 몸을

| 1915년 록펠러와 그의 아들

옥상 밖으로 매달려보게. 우선 자네 몸에 밧줄을 묶어서 안전하게 해 주겠네."

청년은 밧줄로 몸을 묶어 마음이 놓이는지 옥상 난간을 잡고 대롱대롱 매달렸습니다.

"난간을 꼭 잡게나."

"네, 꼭 잡고 있습니다."

"곧 몸에 묶은 밧줄을 풀어 버리겠네. 두 손으로 난간을 잡고 매달릴 자신 있는가?"

그러자 젊은이가 황급히 난간을 세게 붙잡으며 말했습니다.

"안 됩니다, 선생님. 밧줄을 풀어 버리면 저는 아래로 떨어져 가루가 될 것입니다."

"알겠네. 그럼 어서 올라오게."

록펠러는 청년을 옥상 바닥에 세워 놓고 동전 하나를 청년의 손바닥에 쥐어주었습니다.

"자, 이 동전을 방금 옥상 난간을 잡았던 힘으로 꼭 쥐어 보게. 앞으로 자네 손에 들어온 돈을 많고 적음에 상관없이 오늘 난간을 잡았던 힘으로 잡는다면 자네는 분명히 부자가 될 걸세."

록펠러는 스스로도 이와 같이 철저히 돈을 절약했습니다. 무턱대고 안 쓰는 것이 아니라 불필요한 지출을 최대한으로 억제했던 것입니다. 내 손에서 한번 나간 돈은 다시 내 손으로 들어오지 않는다는 사실을 마음 깊이 새기며 절약했던 것이지요.

록펠러가 사업차 워싱턴을 방문했을 때의 일입니다.

"사장님. 도대체 어디를 가시려고 이렇게 걷고만 계십니까?"

록펠러의 뒤를 따르던 비서가 짜증스러운 어투로 퉁명스레 물었습니다. 록펠러는 차분하게 대답했습니다.

"잠자코 따라오기만 하게."

록펠러는 계속해서 앞만 보고 걸었습니다.

이윽고 도착한 곳은 허름한 작은 호텔이었습니다. 그것도 지저분한 뒷골목에서 찾아낸 곳이었습니다. 깜짝 놀란 비서는 록펠러의 앞을 가로막았습니다.

"안 됩니다. 세계에서 제일 부자이신 회장님께서 그 많은 호텔 중에서 왜 하필이면 허름하기 짝이 없는 호텔에 묵으려고 하십니까? 신문기자들이 이 사실을 알게 되면 지독한 구두쇠라고 떠들 겁니다. 제발 다른 곳으로 옮기시지요."

"자네 말을 들어보니 일리가 있군. 그럼 좀 더 나은 호텔로 가세. 필요 없는 돈을 쓰는 게 좀 안타깝지만 뭐 어쩌겠나."

그는 비서와 함께 조금 좋은 다른 호텔을 찾아 들어갔습니다.

록펠러를 알아본 호텔 지배인이 달려 나와 말했습니다.

"가장 좋은 방을 드릴까요? 전망이 가장 좋은 방을 마련하겠습니다."

지배인은 록펠러가 당연히 가장 편안하고 전망이 좋은 비싼 방을 찾을 것이라고 예상했습니다. 그런데 록펠러가 이렇게 말했습니다.

"이 호텔에서 가장 싼 방을 주게나."

"예?"

호텔 지배인은 놀란 눈으로 물었습니다.

"미국에서 가장 큰 부자이신데 어째서 가장 싼 방을 원하시지요? 회장님의 아드님은 언제나 최고급 방만을 원하는데요."

그러자 록펠러는 웃으면서 말했습니다.

"아, 그놈은 부자 아버지가 있잖아. 나는 그렇지 못하다네. 내 자식 놈처럼 부자 아버지를 두는 그런 복은 타고나지 못했거든."

부자 중에서도 세상이 인정하는 큰 부자가 된다는 것은 대단히 어려운 일일 것입니다. 그런데 록펠러는 세계적인 부자가 되었음에도 불구하고 일생 동안 검소하고 성실한 자세를 잃지 않았습니다. 부자가 된 뒤에 마음대로 한번 써보자는 생각을 갖고 있다면, 어쩌다 한번은 부자가 될 수는 있지만 계속 그런 상태를 유지할 수는 없을 것입니다.

록펠러는 부를 유지하기 위해서라도 뚜렷한 원칙을 갖고 살았던 인물이었습니다. 그는 매일 아침 6시 반부터 일을 시작했습니다. 그리고 저녁이 되면 하루를 되돌아보고 반성하는 일을 하루도 잊지 않았습니다.

그는 종종 스스로에게 이렇게 타일렀다고 합니다.

"기회가 왔을 때 조심해야 한다."

"자만심에 빠지면 실패하기 쉽다."

"서둘러서 잘 되는 일은 없다."

"내가 보내는 하루하루가 바로 나의 미래를 결정하는 것이다."

그는 날마다 회계장부를 꼼꼼히 기록하면서 하루도 빼놓지 않고 자금의 흐름을 기록했다고 합니다. 그러면서 한 푼도 헛되이 쓰지 않고 수입과 지출 내역을 평생토록 차근차근 정리했다는군요. 철저한 자기 관리와 검소함이야말로 돈을 관리하는 기본 원칙이라는 사실을 가르쳐주는 대목입니다.

존 록펠러

John Davison Rockefeller

인 물 알 아 보 기

- 미국 석유 왕
- 기업인
- 국적 : 미국
- 출생~사망 : 1839년 7월 8일, 미국~1937년 5월 23일
- 활동 분야 : 경제
- 주요 업적 : 시카고대학 설립, 록펠러 재단을 통한 자선사업

대표 명언

성공하려면 귀는 열고 입은 닫아라.

위대한 것으로 향하기 위해 좋은 것을 포기하는 것을
두려워하지 마라.

기회가 찾아오지 않음을 원망하는 사람은 자신의
무능력을 인정하는 것과 같다. 행운이란 진실로
그것을 원하는 사람에게 찾아간다.

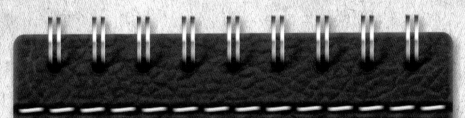

유일한

사회 환원을 몸으로 실천한 청결 부자

유일한의 아버지는 진보적이면서도 엄격한 인물이었습니다. 어린 시절, 아버지는 그에게 모양이 멋진 값비싼 신발을 사주었습니다. 일한은 너무나 기쁜 나머지 신발을 신고 신나게 놀았습니다. 그러자 며칠도 못 가서 신발이 다 해지고 말았습니다.

그것을 본 아버지는 대단히 화가 나서 일한을 심하게 나무랐습니다.

"네가 비록 나이가 어리다고는 하나, 물건을 아낄 줄 모르는 것을 보니 내가 잘못 가르쳤구나. 잘못을 깨달을 때까지 옷을 모두 벗고 밖에 나가 서 있거라."

아버지로부터 엄격한 교육을 받게 된 일한은 굳은 의지로 자신을 책임지는 아이로 성장했습니다.

일한은 겨우 열 살의 어린 나이에 낯선 땅 미국으로 가는 배에 외롭게 혼자 올랐습니다. 큰 나라에 가서 서구의 선진 문물을 배워오라는 아버지의 당부 때문이었습니다.

동생들은 헤어지기 싫어서 눈물을 흘리며 형을 환송했습니다.

"몸조심해, 형."

"그래, 부모님 모시고 건강하게 잘들 있어야 한다. 형이 공부 열심히 하고 돌아오마."

미국에 도착한 어린 일한은 땔감 만드는 일을 했습니다. 낯선 양어머니 집에서 생활하면서 학교도 다녔습니다. 집으로부터 생활비를 한 푼도 받지 못했을 뿐더러 마음고생도 심했습니다. 영어를 잘 못해서 친구들로부터 놀림을 받았습니다. 일한은 그래도 그동안 길러온 강인한 정신력으로 모든 어려움을 꾹 참고 버텼습니다. 주위에서 인정할 때까지 이를 악물고 견딘 것입니다.

몇 달이 지나자, 일한은 운동도 잘하고 공부도 매우 잘하는 학생으로 소문이 나기 시작했습니다. 선생님은 물론이고 친구들로부터도 칭찬을 받는 아이가 된 것입니다.

문득문득 부모님과 동생들의 얼굴이 떠올라 깊은 밤 이불 속에서 소리 죽여 운 적도 많았지만, 시간이 흐르면서 그는 미국 생활에 차츰 익숙해져 갔습니다.

시간이 흘러 일한은 헤이스팅스 고등학교에 진학하게 되었습니다. 그는 학교에서 미식축구 선수로 활동하면서 장학금을 받으며 학교에 다녔습니다. 그런 그에게 어느 날, 슬픈 소식이 담긴 편지 한 통이 날아왔습니다.

"일한아! 지금 우리 가족은 살기가 너무 어려워 평양을 떠나 만주로 이사를 가게 되었단다. 북간도에서 시작한 사업이 잘 돌아가지 못하니 네가 어서 돌아와 사업을 도와주었으면 좋겠다."

이런 내용이 담긴 아버지의 편지였습니다.

내용을 다 읽고 난 그는 고민에 빠지지 않을 수 없었습니다.

'여기까지 왔는데 학업을 중단하고 돌아갈 수는 없어! 그렇다고 가족의 어려움을 모른 척 할 수도 없고……'

며칠 밤낮을 고민하던 그는 결국 상담 선생님께 사정을 털어놓았습니다.

"선생님, 저는 조금만 있으면 고등학교를 졸업합니다. 100달러만 빌려주시면 취직을 해서 일 년 안에 모두 갚겠습니다."

그 말을 들은 상담 선생님은 흔쾌히 고개를 끄덕였습니다.

"내가 은행에 보증을 서서 100달러를 빌릴 수 있도록 해줄게. 그러니 다른 걱정 말고 지금까지 그랬던 것처럼 공부 열심히 하렴."

그렇게 해서 일한은 어렵게나마 고등학교를 무사히 졸업하게 되었습니다. 그런데 대학 진학이 문제였습니다. 등록금을 마련하지 못해 대학 진학이 어려웠습니다. 결국 그는 고등학교를 졸업한 후 생계를 위해 변전소에 들어가야 할 형편이었습니다.

그러나 일한은 그런 상황에서도 공부의 끈을 놓지 않았습니다. 그는 월급을 절약하여 열심히 저축을 해서 고등학교 재학시절 은행에서 빌린 100달러의 돈을 갚은 것은 물론, 등록금까지 마련하여 미시간 주립대학교에 당당히 입학을 하게 되었습니다.

그런데 시련은 그것으로 끝이 아니었습니다. 미국 사회의 뿌리 깊은 인종 차별이 문제였습니다. 일한은 일본에 나라를 빼앗긴 힘없고 서러운 조선인으로서 이발소에서 머리 깎는 것조차도 거절당하는 설움을 겪어야 했습니다. 그 차별대우가 뼛속까지 사무쳤습니다. 그는 미국인들에게 차별을 당할 때마다 반드시 성공하여 조국을 부강하게 만들겠다고 다짐했습니다.

대학을 졸업한 후, 일한은 성공의 부푼 꿈을 안고 숙주나물 통조림 회사인 라초이 식품 주식회사를 설립했습니다. 중국 음식점의 숙주나물 수요는 넘치는데 공급이 부족하다는 것을 알고, 그는 숙주나물을 통조림으로 대량 공급하면 장사가 잘 되겠다고 생각했습니다.

그런데 은행에서 융자를 받아 회사 문을 열기는 했으나, 이것을 광고하는 게 문제였습니다. 당시 미국인들에게는 숙주나물이 매우 낯선 식품이었기 때문입니다.

그는 고민을 거듭한 끝에 무릎을 탁 쳤습니다.

'그래, 맞아! 그렇게 하면 숙주나물이 뭔지 많은 사람들이 알게 될 거야.'

이튿날, 일한은 트럭에 숙주나물을 가득 싣고 사람들이 많이 다니는 번화가로 갔습니다. 그리고 그곳의 한 상점 앞을 지나가다가 쇼윈도를 슬쩍 들이받아 교통사고를 냈습니다.

신고를 받고 사고를 수습하기 위해 경찰이 달려왔습니다. 사고 현장을 구경하려고 구경꾼들이 몰려들었습니다. 신문 기자들이 조목조목 캐물으며 취재를 했습니다.

다음날, 이 교통사고에 대한 신문기사들이 쏟아졌습니다. 그런데 재미있는 일은, 교통사고 내용보다 숙주나물 이야기가 더 많이 실려 있다는 것이었습니다. 그리고 미국인들에게 생소한 숙주나물을 자세히

설명하다 보니, 숙주나물이 중국 음식에 꼭 필요한 재료이고 사고를 낸 사람은 숙주나물을 생산해서 공급하는 라초이 회사 대표라는 사실을 돈 한 푼 들이지 않고 미국 전역에 광고하게 된 것이었습니다.

교통사고 이후 숙주나물은 날개 돋친 듯이 팔려 나갔고, 회사는 날로 번창하여 회사를 세운 지 4년 만에 유일한은 50여만 달러라는 거금을 모으게 되었습니다. 그는 이윤의 일부를 나라를 되찾고자 하는 독립운동에 지원하기도 했습니다.

1925년, 31세의 청년 사업가 유일한은 무려 21년 만에 북간도에 살고 있는 가족들을 만났습니다. 그를 보자, 아버지는 퉁명스레 말했습니다.

"그래, 그렇게 어렵사리 공부해서 겨우 한다는 사업이 숙주나물 장사냐?"

유일한은 의연하게 대답했습니다.

"아버님, 장사가 아니라 사업입니다. 특히 숙주나물 사업은 돈을 많이 버는 큰 사업이에요."

"내가 보기엔 숙주나물 장사거나 사업이거나 다 그게 그거로 보인다."

아버지는 아들이 하는 사업이 썩 마음에 들지 않는 듯 시큰둥한 표정이었습니다. 유일한은 그런 아버지에 대해 서운함을 느꼈지만 좌절하지 않았습니다. 아니, 그럴 수가 없었습니다. 현장에서 본 동포들의 생활상이 너무나 비참하고 애처로웠기 때문입니다. 일제의 핍박에 시달리며 비참하게 살아가는 동포들을 보면서, 유일한은 자신이 할 수 있는 무언가를 해야겠다는 결심을 했습니다.

유일한은 그길로 다시 미국으로 돌아가 그곳에서의 사업을 정리하고 고국으로 돌아왔습니다. 그때 그의 나이 서른한 살이었는데, 현재 연세대학교로 불리는 연희전문학교 교수 자리가 그를 기다리고 있었습니다.

그러나 그는 '교육자의 길도 좋지만 헐벗은 동포들에게 일자리를 마련해 주고, 질병으로 신음하는 동포들에게 좋은 약을 제공하여 한민족의 생활문화를 향상시키는 일이 더 중요하다'고 강조했습니다. '건강한 국민만이 잃어버린 나라를 되찾을 수 있다'고 생각했기 때문입니다.

이런 철학 아래 그는 유한양행이라는 이름의 제약업체 설립에 심혈을 기울였습니다. 그는 궁극적으로 질병 퇴치를 하여 인류의 행복을 높이겠다는 생각으로 이 일을 추진했습니다. 그래서 회사 이름도 자신의 이름에서 '유한'을 따고, 세계로 통하는 회사라는 의미의 '양행'을 넣어 '유한양행'이라고 정했습니다.

우리나라가 일제 치하에서 벗어나 독립을 이루자, 이승만 대통령은 그가 상공부 장관으로 입각하기를 원했습니다. 그러나 유일한은 이 대통령에게 자신의 남다른 철학을 또 한 번 피력했습니다.

그는 '나 자신이 기업인(상공인)인데 상공부 장관을 맡으면 공정하지 못하다'고 역설했습니다. 부자로서 명예까지 드높일 수 있는 기회인데 단호하게 거절한 것입니다.

평생 온 인류를 향한 원대한 꿈을 꾸었던 그는, 1971년 3월 11일, 향

년 76세의 나이로 세상을 떠났습니다. 마지막 떠나는 순간까지 그는 유언장을 통해 다시 한 번 위대한 인간성을 드러냅니다.

내가 가지고 있는 모든 재산은 사회사업과 교육 사업에 사용하라. 아들은 대학까지 공부시켰으니 앞으로 자립해서 혼자 힘으로 살아라. 딸은 유한중학교와 유한공업고등학교 구내에 있는 묘소 주변의 땅 5000평을 관리하도록 하되 이를 유한동산으로 꾸며 학생들이 마음대로 다니도록 하라. 손녀에게는 대학을 졸업할 때까지 학자금으로 1만 달러를 상속하겠다. 내가 죽은 뒤 너희들에게 마지막으로 베푸는 일이다. 나는 너희들도 귀하고 중요하지만, 이 나라의 굶고 어려운 동포들도 너희들과 똑같이 귀하고 소중하기에 이같이 유언하는 바이니 너무 속상해하지 말아라.

이처럼 그는 자신이 어렵게 번 재산마저 모두 사회에 되돌리고, 정작 자신의 혈육에게는 자립에 필요한 최소한의 재물만 남겼습니다. 하지만 그가 남긴 정신적 유산은 엄청났습니다. 아버지의 영향 때문이었는지 그의 딸도 세상을 떠날 때 자신의 힘으로 모은 전 재산을 사회에 기부하여 고인의 이름을 더욱 빛나게 해줬습니다.

최근 밝혀진 자료에 의하면, 유일한은 한국 독립을 위해 미국 비밀 공작 대원으로 활약했으며 자금 일부를 담당했다고 합니다. 어린 나이에 외국 선교사의 도움으로 미국에 유학 간 유일한은, 30대 초반의 젊은 나이에 고국으로 돌아와 제약 회사를 세워 질병 퇴치에 앞장섰습니다. 그리고 마지막엔 자신이 애써 키운 회사를 가족이 아닌 종업원들에게 모두 물려준 참된 기업인이었습니다.

일찍이 자립심을 일깨워주신 아버지 덕분에 저는 어떠한 힘든 상황도 이겨내는 강인한 정신력을 가질 수 있었습니다.

제 재산의 대부분을 사회에 환원한 이유도 자녀들의 자립심을 위해서였죠.

저도 아버지의 뜻을 이어 평생 열심히 모은 재산을 사회에 환원했답니다!

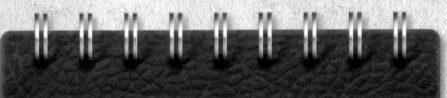

유일한
柳 一 韓

인
물
알
아
보
기

- 유한양행 창업자
- 독립운동가 · 기업인 · 교육자
- 국적 : 한국
- 출생~사망 : 1895년 1월 15일, 평양~1971년 3월 11일
- 활동 분야 : 경제
- 주요 업적 : 유한공업고등학교 설립, 전 재산 사회 환원

대표 명언

눈으로 남을 볼 줄 아는 사람은 훌륭한 사람이다. 그러나 귀로는 남의 이야기를 들을 줄 알고 머리로는 남의 행복을 생각할 줄 아는 사람은 더욱 훌륭한 사람이다.

사람은 죽으면서 돈을 남기고 명성을 남기기도 한다. 그러나 가장 값진 것은 사회를 위해 남기는 그 무엇이다.

기업의 제1목표는 이윤의 추구이다. 그러나 그것은 성실한 기업 활동의 대가로 얻어야 하는 것이다.

월트 디즈니

꿈꾸는 이들의 동화 나라
디즈니랜드

미키마우스로 유명한 디즈니랜드 설립자, 월트 디즈니는 1901년 12월 5일, 미국의 일리노이 주 시카고에서 가난한 농부의 넷째 아들로 태어났습니다. 어린 시절에는 숲이 우거진 울프 강가의 농장이 그의 집이었습니다. 다혈질이었던 그의 아버지는 농사일에 온 정열을 바쳤습니다.

농장에서 자라난 월트는 어렸을 때부터 미술에도 관심이 많았지만 사업 수완도 남달랐습니다. 겨우 7살의 나이에, 그는 처음으로 자신이 그린 그림을 이웃들에게 팔기도 했습니다.

그러나 뼛속까지 농사꾼이었던 아버지는 이런 모습이 마음에 들지 않았습니다. 농사일에 신경 쓰지 않는 아들이 못마땅했습니다. 그는 아들들에게 이렇게 말하곤 했습니다.

"쓸데없는 곳에 한눈을 팔면 밥 먹기조차 힘들다. 열심히 일해야 먹고산다."

그가 말하는 '일'이란 농사였고 '쓸데없는 곳'이란 월트가 시간을 보내는 것들이었습니다. 아버지는 아이들에게 더 많은 일을 시키기 위하여 가을에 곡식을 수확하게 되면 수고한 만큼 분배를 해 주겠다고 약속을 했습니다. 그러나 공교롭게도 그해 농사는 엉망이었고, 아버지는 아이들에게 한 약속을 지킬 수 없게 되었습니다.

그러자 큰형과 둘째 형은 일만 시키는 아버지에게서 멀어지려고 아무 말도 없이 집을 떠났습니다. 이제 월트와 셋째 형 로이만 남게 된 것입니다. 그의 나이 겨우 8살 때 일이었습니다. 아버지는 두 형에 대한 분노를 남은 두 아들에게 풀었습니다. 농사일을 가혹하게 시키고, 조금이라도 게으름을 피우면 바로 회초리를 들어 종아리를 사정없이 때렸습니다.

그때마다 너무 지나치다고 어머니가 말렸으나, 아버지는 막무가내였습니다. 월트보다 나이도 많고 힘이 더 센 형 로이는 아버지의 매를 어느 정도 참을 수 있었지만, 월트는 그러지 못해서 늘 힘겨웠습니다.

어머니는 매를 맞고 있는 아이들이 가엾고 불쌍했으나 불같은 남편의 성격을 잘 알고 있는지라 더 말릴 수가 없었습니다. 어머니도 아버지의 폭력으로부터 어린 월트를 보호해 주지는 못했습니다. 어린 월트는 그래서 밤마다 침대에 누워 쓰라린 눈물을 흘리면서 잠이 들었습니다.

"월트야, 아버지한테 맞을 때 많이 아팠지? 아버지는 너희들이 미워서 때린 것이 아니야. 우리 집이 너무 가난하기 때문에 어떻게 해서든지 굶지 않기 위해 그러시는 거야. 시간이 지나면 너도 이해할 거야."

어머니는 월트의 머리맡에서 그가 잠들 때까지 정감 어린 목소리로 동화를 읽어주곤 했습니다. 그의 상상력은 그때 어머니가 읽어 준 동화책의 구절구절에서 생겨났는지도 모릅니다.

가족들이 일터로 나가고 집에 혼자 남을 때가 되면 월트는 자기가 가장 잘하고 좋아하는 그림 그리기를 했습니다. 그림 그릴 종이나 연필을 구하기가 어려워서 석탄 조각을 가지고 검은 종이 위에 그림을 그리곤 했습니다.

그가 주로 그린 것은 농장의 짐승들이나 논밭에서 뛰어노는 곤충들이었습니다. 자연은 그의 그림의 유일한 소재였습니다.

미키마우스를 비롯해서 약 60여 종이나 되는 캐릭터들의 이미지가 한결같이 귀엽고 앙증맞은 것은 자연에서 자란 어렸을 때의 경험들이 녹아 있기 때문일 것입니다. 동심의 이미지가 머릿속에 남아 있다가 나타난 것들이라고 할 수 있습니다.

아버지는 아이들을 무섭게 다루어서라도 어떻게든 농사를 짓게 하려고 했으나 모든 것이 뜻대로 되지는 않았습니다. 결국 아버지는 농사일을 포기하고 미주리 주 캔자스 시로 이사를 하고 말았습니다. 그곳으로 이사한 후에야 어머니는 두 아이를 학교에 입학시켰습니다.

하지만 아버지는 그곳에서도 자식들을 생활 전선으로 내몰았습니다. 로이와 월트에게 일주일 내내 신문배달을 시킨 것입니다. 월트는 같은 또래의 아이들보다 덩치가 작고 몸이 약해서 힘들어했습니다. 이런 상황에 18세가 된 형마저 '너도 이제 아버지로부터 자신을 지켜라'는 말을 남기고 집을 떠나고 말았습니다.

혼자 집에 남게 된 월트는 동네 약국에서 따로 아르바이트까지 해가며 미술 도구를 구입했습니다. 현실의 어려움 때문에 꿈을 포기하기엔 너무도 아쉬웠던 것입니다. 월트의 학교 성적은 중간 정도였지만 독서와 미술 실력은 누구도 감히 따라오지 못할 정도로 뛰어났습니다.

중학교를 졸업한 그는 맥킨리 고등학교에 진학하여 학교 신문의 그림을 담당하는 부편집장 자리를 맡게 됐습니다. 그 자리에서 자신의 숨은 소질을 발휘하는 한편, 야간에 시카고 예술 아카데미 반과 디자인 학교에도 다녔습니다.

그 무렵, 그는 수강료를 벌기 위해 우체국 아르바이트를 비롯하여 할 수 있는 일은 다 했습니다. 농사꾼에서 사업가로 변신한 아버지의 젤리공장에서 시간 외 근무까지 마다하지 않았습니다.

성장한 월트는 17세가 되던 해 가을, 군대에 자원입대하려 했지만 나이가 어리다는 이유로 입대를 거절당했습니다. 그러자 그는 대신 적십자에 가입해서 난생 처음 외국 땅을 밟게 되었습니다. 1년간 병원 구급차를 몰거나 적십자 고위 직원들의 운전기사로 일하게 되었던 것입니다.

월트에게 운전병 생활은 무미건조하기만 했습니다. 별다른 이유 없이 짜증이 나서 뭔가 탈출할 수 있는 길을 찾아야 했습니다.

'그래, 그림을 그리는 거야!'

어려서부터 혼자 있을 때면 늘 하던 일이었습니다. 하지만 커가면서 현실에 맞춰 일을 하느라 잠시 잊었던 취미였습니다.

그는 운전을 하는 사이 잠깐씩 짬을 내어 동료들의 캐리커처를 열심히 그렸습니다. 예사롭지 않은 그림 솜씨에 동료들은 칭찬을 아끼지 않았습니다. 월트는 단순한 예술가가 아니었습니다. 사업적인 감각도 남달랐습니다. 그는 호평을 받고 기뻐하는 데 그치지 않고 사업과 연관을 시킬 줄 알았습니다. 독일산 헬멧을 구입하여 다양한 독일 훈장 그림을 그려 장식한 다음 다시 10프랑씩을 받고 팔았는데, 반응이 아주 좋았습니다.

군 제대 후 180cm의 키와 건장한 체구로 성장한 월트는 사업을 같이 하자는 아버지의 제안을 정중하게 거절하고 형들처럼 집을 떠났습니다. 그길로 그는 상업 예술가의 길을 걷기 위해서 캔자스시티로 가는 기차에 올랐습니다. 자신의 잃어버린 어린 시절이 담긴 그곳에서 무한한 미래를 펼치고 싶었기 때문이었습니다.

　캔자스시티로 돌아온 월트는 광고 만화가로서 경력을 쌓은 후, 그의 첫 번째 원작 애니메이션인 '백설공주와 일곱 난쟁이'를 만들었습니다. 그리고 그 후 실사 영화와 애니메이션을 결합하는 새로운 방식을 완성시켰습니다. 1937년 12월 21일, 최초의 장편 애니메이션으로 로스앤젤레스에서 상영된 이 영화에는 150만 달러라는 천문학적인 제작비용이 들어갔습니다. 이때 만들어진 만화 영화는 지금까지도 영화

| 자신의 자화상을 넣은 회사의 업무용 봉투

사에 있어 가장 위대한 작품들 중의 하나로 손꼽히고 있습니다.

1940년에 이르러 미술가, 애니메이터들, 스토리 작가 그리고 기술자들이 모여들면서 회사 직원이 금세 천 명을 넘어섰습니다. 그로부터 15년이 지난 후에는 월트의 꿈이 총망라된 디즈니랜드가 캘리포니아에 개장됐습니다. 물론 그 과정에서 그는 세계적인 부자가 됐죠.

이런 갑부도 결혼 초에는 너무 가난해서 방세도 제대로 내지 못하는 처지였습니다. 디즈니 부부는 셋방에서마저 내쫓겨서 공원 한구석에서 당장 코앞의 일을 걱정해야 할 때도 있었습니다. 그때 일입니다.

"여보! 당장 잘 곳도 마땅치 않은데 이제 우린 어떻게 해야 하나요?"

아내의 근심 어린 물음에 그는 대답할 말을 찾지 못해 입을 다물고 있을 뿐이었습니다. 아무리 생각해도 살아갈 길이 막막할 뿐 달리 뾰족한 해결책이 떠오르지 않았습니다.

바로 그때 귀여운 생쥐 한 마리가 어디서 왔는지 사람을 무서워하지도 않고 부부 앞에서 재롱을 피우고 있는 것이 아니겠습니까? 사실 재롱이라기보다는 자기 앞발을 가지고 놀고 있었던 것이지만 말입니다.

"원, 세상에……."

아내의 마음속은 다급한 문제로 복잡했지만, 그는 달랐습니다. 그 광경을 대수롭지 않게 본 것입니다. 갑자기 한 가지 생각이 반짝하고 스쳐 지나갔습니다.

"그래, 세상에는 우리처럼 가난에 쪼들리며 괴로움 속에서 살고 있는 이들이 얼마나 많을 것인가. 그들을 위해 이 앙증스런 생쥐의 모습을 만화로 그려낸다면 큰 위안이 되지 않을까?"

여기에서 영감을 얻은 디즈니는 서둘러 '미키마우스'라는 생쥐 모양의 캐릭터를 주인공으로 한 만화책을 대대적으로 출간했습니다. 인기는 대단해서 세계 20여 개국 출판사에서 앞을 다투어 책을 찍어냈습니다. 일약 미키마우스 신드롬을 일으키면서 이 책은 매월 삼천만 부라는 엄청난 판매 부수를 기록했습니다. 출판계에 일대 선풍을 불러일으켰던 것입니다. 이와 함께 제작된 미키마우스 인형 또한 어린이들에게 꿈을 심어주는 친구로 자리 잡으며 전 세계 어린이들의 사랑을 독차지했습니다. 무시할 수도 있었던 생쥐의 움직임이 디즈니 부부에게 엄청난 부를 몰아준 사건이 벌어진 것입니다.

미키마우스 캐릭터는 저작권과 의장권으로 철저히 보호되어 다른 사람들은 모방할 엄두도 낼 수 없었습니다. 자연히 디즈니의 수입은 헤아릴 수 없을 정도로 엄청나게 불어났습니다.

자신의 성공 비결에 대해 디즈니는 훗날 이렇게 말합니다.

"미키마우스는 생활 주변의 살아있는 아이디어가 얼마나 중요하고 위대한 것인가를 잘 보여주는 생생한 교훈입니다."

그는 평생 700개 이상의 표창과 상을 받았으며, 아카데미상 29개와

4개의 에미상을 비롯하여 대통령이 주는 자유 메달과 프랑스 훈장도 받았습니다.

귀여운 생쥐와 짓궂은 오리 그리고 그가 탄생시킨 잊지 못할 수많은 인물들의 익살맞은 행동은 수많은 어린이들을 즐겁게 해 주었습니다. 누가 봐도 그는 위대한 예술가이자 사업가였습니다.

하지만 그의 삶 역시 영원할 수는 없었습니다. 1966년 12월 14일, 폐암을 앓던 월트 디즈니는 65세의 나이로 세상을 떠났습니다. 43년 간에 걸친 할리우드에서의 성공과 500억 달러나 되는 엄청난 재산을 남겨 놓은 채 말입니다.

숨지기 전, 마지막 순간에 아내 릴리안이 월트를 꼭 껴안아 주자 월트는 자기 침대 머리맡을 높여 달라고 말했습니다. 창문 너머로 불이 환하게 켜져 있는 스튜디오를 바라보기 위해서였습니다. 자기의 손때가 묻어 있는 월트 디즈니 스튜디오였습니다.

만화영화의 역사가 시작된 이래 지금까지 가장 화려한 업적을 남긴 월트 디즈니는 1925년 월트 디즈니 컴퍼니를 설립하여 환상과 동화의 천국을 만들어냈습니다. 그야말로 미국판 신화의 주인공인 것입니다.

그가 미키마우스를 생각해 낼 때 작은 동물의 움직임도 그냥 보아 넘기지 않았다는 점을 주목해야 합니다. 그는 그 동물의 움직임에 자기가 추구하던 꿈을 접목시켰던 것입니다. 그리고 보면 대작을 만든다는 것은 결코 우연한 일이 아닙니다. 평소 마음속에 숨겨 두었던 꿈을 관찰의 결과인 기회와 결합시켰을 때 비로소 이루어지는 일인 것입니다.

누구나 하고자 하는 일을 포기하지 않는다면 기회는 어느 순간 찾아옵니다. 인생의 어느 시기, 아주 우연한 기회에 큰 영광을 얻게 되는 것입니다. 이것이 바로 새로운 작품의 창조이자 발명의 시초라고 할 수 있을 것입니다.

월트 디즈니
Walt Disney

- 디즈니랜드 창업자
- 기업인
- 국적 : 미국
- 출생~사망 : 1901년 12월 5일, 미국~1966년 12월 15일
- 활동 분야 : 영화예술
- 주요 업적 : 만화영화 제작, 디즈니랜드 건설

대표 명언

당신이 꿈꿀 수 있는 것이라면 당신이 실현할 수 있는 것이다.

무언가 새로운 것을 시작하기 위해선 말을 줄이고
시작하는 것이 필요하다.

디즈니랜드는 완성되지 않을 것이다. 이 세상에
상상력이 남아 있는 한 디즈니랜드는 끊임없이
성장해 나아갈 것이다.

" 꿈을 꿀 수 있게
도와주세요 "

흔히 목표 없이 사는 사람을 목적지를 정하지 않고 바다를 떠도는 배에 비유하곤 합니다. 목표가 없으면 하루하루 의미 없이 흘려보내며 인생을 허비하게 될 것입니다. 그러므로 어려서부터 삶의 목표를 세우는 것은 그 어떤 일보다 중요합니다.

1장에 등장하는 인물들을 보면 어릴 때부터 삶의 목표가 분명했던 것을 알 수 있습니다. 미국의 철강 왕 카네기의 경우 가난한 집안 형편 때문에 어릴 때부터 일을 하게 되면서 직장을 옮길 때마다 그곳에서 최고가 되겠다는 목표를 세우곤 했습니다. 물론 실제로 그렇게 되었고요. 나아가 그는 목표를 향해 노력하는 사이에 숨어 있던 능력을 발견하게 되었으며, 그 결과 그는 마침내 미국의 철강 왕으로 우뚝 서게 되었습니다.

만약 자녀가 아직 삶의 목표 없이 하루하루를 흘려보내고 있다면 1장에 등장하는 부자들처럼 목표를 세워 살아가도록 도우시기 바랍니다.

2.

내가 좋아하는
일에 열정을

- **헨리 포드**(포드자동차 창업자) 대량생산 시스템으로 자동차 대중화 시대를 열다

- **빌 게이츠**(마이크로소프트 회장) 이해될 때까지 밤을 새워 답을 찾은 끈기의 왕

- **잭 웰치**(제너럴 일렉트릭 회장) 말더듬이 잭? 20세기 최고의 경영자!

- **워렌 버핏**(버크셔 헤서웨이 최고경영자) 꾸준한 습관과 훈련이 낳은 투자와 경영의 귀재

- **마돈나**(팝 가수) 나만의 노래와 춤으로 부를 이룬 팝의 여왕

헨리 포드

대량생산 시스템으로
자동차 대중화 시대를 열다

헨리 포드는 1863년, 미국의 디트로이트 부근 디어본에서 아일랜드계 이민자의 아들로 태어났습니다. 그는 어릴 때부터 기계를 가지고 노는 것을 무척 좋아했는데, 13세 되던 해, 아버지와 함께 마차를 타고 디트로이트에 갔던 경험은 그에게 일생일대의 사건이었습니다. 그동안 말로만 듣던 증기 자동차를 보고 그만 한눈에 반해 버리고 만 것입니다.

헨리는 마차에서 뛰어내려 증기 자동차로 달려갔습니다.

"우와! 신기하다. 말로만 듣던 증기 자동차를 직접 보게 되다니! 그런데 아저씨, 이 자동차는 말이 끌지 않는데 어떻게 굴러가는 거예요?"

"아저씨, 이건 뭐예요?"

"이 차는 얼마나 빠르게 굴러가나요?"

헨리는 기관사가 귀찮을 정도로 증기 자동차의 원리에 대해 꼬치꼬치 캐물었습니다. 그리고 그날부터 그의 꿈은 단번에 '시계 박사'에서 '자동차 박사'로 바뀌었습니다.

강렬한 경험 후, 증기 자동차에 대한 그의 호기심은 끝을 몰랐습니다. 한번은 학교 담벼락 옆에서 증기기관의 원리를 이용해 이것저것 실험을 하다가 기계가 터져 불이 날 뻔한 적도 있었습니다.

어느 날, 헨리는 모터를 빨리 돌리는 실험을 하게 되었습니다. 예상

외로 모터가 빨리 돌아가자 지켜보던 친구들이 놀라며 감탄을 했습니다. 기분이 좋아진 헨리는 모터를 더 빨리 돌렸습니다. 그 순간 펑 하는 소리와 함께 모터가 터져 버리고 말았습니다. 순간, 친구들은 모두 비명을 지르며 줄행랑을 쳤습니다. 하지만 헨리는 태연한 모습으로 터진 모터를 살피고 있었습니다. 모터가 폭발할 때 일어난 화염에 입술이 데인 줄도 모른 채……

헨리의 어머니는 기계만 만지며 사고만 치고 다니는 아들이 큰 근심거리였지만 꾸중이나 질책을 하지는 않았습니다. 속상한 마음을 달래면서 부드럽게 타이를 뿐이었지요.

"헨리야, 위험한 실험을 할 때에는 엄마에게 먼저 이야기를 하렴. 엄마가 도와줄게."

헨리를 위해 어머니는 2층 방을 아예 실험실로 만들어 주었습니다. 그 방은 훗날 헨리 포드라는 위대한 자동차 왕을 탄생시킨 최초의 실험실이었던 셈이지요.

그런 어느 날, 실험에 푹 빠져 있던 헨리에게 어머니가 급한 병으로 매우 위독하게 되었다는 소식이 날아왔습니다. 그는 재빨리 말을 타고 의사를 부르러 달려갔습니다.

그러나 채찍을 휘두르며 전속력으로 달려가 의사를 모시고 급히 집으로 왔을 때, 어머니는 이미 운명하신 후였습니다. 너무나 갑자기 사랑하는 어머니를 잃게 된 슬픔에 헨리는 땅을 치며 통곡을 했습니다. 그러면서 마음속으로 결심을 했습니다.

'반드시 말보다 더 빨리 달릴 수 있는 자동차를 만들고야 말리라.'

헨리는 농부인 아버지의 뒤를 이어 농사를 짓겠다는 생각은 조금도 없었습니다. 그는 사람들이 북적거리며 바쁘게 움직이는 도시에서 일하며 살고 싶었습니다. 결국 그는 16세 되던 해, 큰 뜻을 품고 디트로이트로 떠나 '미시간 차량회사'라는 기계 제작소에 어렵게 들어갔습니다.

그런데 고작 일주일 만에 그는 그 회사에서 쫓겨나고 말았습니다. 회사 기술자들이 고치지 못하는 기계를 그가 30분도 채 안 걸려 고친다는 게 해고의 이유였습니다. 새파랗게 어린 녀석에게 자리를 빼앗길까 불안을 느낀 공장장이 조용히 그를 쫓아낸 것입니다.

헨리는 한순간에 희망을 잃고 말았습니다. 며칠 동안 방안에 틀어박혀 자기를 내쫓은 회사를 원망해 보았지만 마음만 돌덩이처럼 무거웠습니다.

'고장 난 기계를 잘 고치면 상을 받아야지, 어째서 회사에서 쫓겨나야 한단 말인가.'

아무리 생각해도 이해가 되지 않는 일이었습니다.

며칠 동안 속을 끙끙 앓던 헨리는 마음을 고쳐먹고 다시 일할 곳을 찾아 나섰습니다. 이후 여러 회사를 다니면서 미처 알지 못했던 여러 가지 기술을 다양하게 익혔습니다. 그런 과정을 거쳐 어느 순간 그는 아무나 쉽게 따라올 수 없는 뛰어난 기술자로 거듭나게 되었습니다. 당시 디트로이트에는 발명왕 에디슨이 세운 '에디슨 전기회사'가 자리 잡고 있었는데, 헨리는 그곳으로 일터를 옮겨서 전기에 관한 새로운 지식까지 익히게 되었습니다.

헨리는 본격적으로 자동차 연구를 시작해서 시간이 날 때마다 조금씩 자동차의 부품을 조립해 나갔습니다. 2기통짜리 엔진을 부엌 싱크대 위에 완성해 놓고, 1896년 5월에는 드디어 마차 차체에 2기통 가솔린 엔진을 장착하여 자동차 형태를 갖추게 되었습니다. 그 순간, 헨리는 기쁨을 이기지 못해 펄쩍펄쩍 뛰었습니다.

'아, 드디어 자동차를 만들었다! 내 손으로 자동차를……'

그런데 그처럼 어렵게 자동차를 완성해 놓고 나니 문제가 생겼습니다. 현관문이 작아서 자동차를 밖으로 꺼낼 수가 없었던 것입니다. 잠시 고민하던 헨리는 도끼를 들고 와서 문과 벽을 부수기 시작했습니다. 그렇게 자동차를 무사히 밖으로 꺼낸 헨리는 당당히 올라타고 감격적인 첫 시운전을 했습니다.

이 소식을 들은 발명왕 에디슨은 열 살이나 어린 헨리를 우러러보며 칭찬을 아끼지 않았습니다.

　포드는 사람들에게 자동차의 존재를 알리기 위해 목숨도 아끼지 않았습니다. 서른여덟 살 되던 해, 그는 '999'라는 이름의 경주용 자동차를 직접 제작하여 바니 올드필드라는 유명한 카레이서와 함께 출전시켰습니다. 이 차는 최고 시속 72km로 질주했습니다. 그 시대에 이 속력은 현재 비행기가 자동차에 비례할 만큼 어마어마한 속력이었습니다. 덕분에 포드의 차는 우승을 차지했지만 카레이서로서는 하나밖에 없는 목숨을 건 대모험이었습니다.

| 자동차 경주 선수와 자신이 만든 차 옆에서

당시 자동차는 사람들에게 신기한 물건이기는 했지만, 아직 사치품에 불과했습니다. 값비싸고 고장이 잘 나고 엔진 소리가 너무 커서 시끄럽다는 단점들 때문에 실용적이질 못했습니다.

포드는 서민들이 생활에 이용할 수 있도록 자동차 값을 낮추는 게 급선무라고 생각했습니다. 그래서 연구와 개발을 거듭한 끝에 그는 1908년, 혁명적인 포드 T형 자동차를 개발했습니다. 이 자동차는 대량생산으로 일반인들의 필수품이 되기 시작했고, 미국 경제력의 거대한 밑바탕이 되었습니다.

헨리 포드는 위대한 발명가임과 동시에 탁월한 사업가였습니다.

어느 날, 그가 집무실에서 서류정리를 하고 있을 때 신입 사원이 그의 방문을 두드렸습니다.

"무슨 일이지?"

포드는 신입 사원을 찬찬히 살펴보며 물었습니다.

"제 의견을 말씀드리려고 찾아왔습니다."

젊은 사원은 아무 거리낌 없이 당당하게 말했습니다.

"나한테 하고 싶다는 말이 무엇인지 어디 한번 들어보세. 어서 말해 보게나."

"사장님께서도 이미 잘 알고 계시는 바와 같이 저는 대학을 졸업한 고학력자입니다. 초등학교밖에 못 나온 사람들과 똑같은 대우를 받는

다는 게 공평하지 않다고 생각합니다."

"그 점이 못마땅해서 찾아온 것인가?"

"네."

그러자 포드는 크게 한바탕 웃고는 말했습니다.

"자네 입장에서는 그렇게 생각할지 모르지만 내 생각은 다르네."

"어째서 그렇습니까?"

"지금 자네랑 같이 일하는 사원들은 비록 초등학교밖에 나오지 못했지만, 적어도 몇 년에서 길게는 몇 십 년을 한 분야에서 일한 사람들이네. 자기가 맡은 일에 대해서는 누구한테도 뒤지지 않은 만큼 능력을 갖추고 있지. 내가 자네를 우리 회사에 채용한 것은 이력서에 적혀 있는 학력이 아닌 실력과 경력을 보고 채용한 걸세. 그들보다 학력이 좋아 대우를 더 받아야겠다면, 이 길로 나가서 나에게 자네 실력을 증명할 수 있겠나? 그러면 내일이 아니라 당장 오늘이라도 능력에 맞는 일자리를 주겠네."

포드의 말에 신입사원은 아무 말 못하고 물러났습니다.

포드는 이처럼 사원을 뽑을 때, 학력보다는 그 사람이 가지고 있는 실력과 잠재력을 보았습니다. 포드 자신도 초등학교마저 제대로 졸업하지 못했지만, 꿈과 신념, 그리고 집념이 있었기에 오늘의 자신이 존재할 수 있었다는 것을 잘 알고 있었기 때문입니다.

어떤 일을 기대하고 성공하기를 간절히 바랐는데, 생각지 못한 장애물로 인해 희망이 좌절될 때가 있습니다. 이때 어떤 사람은 현실을 원망하고 불평하며 낙심하다가 좌절합니다. 그러나 성공하는 사람은 실패했다고 절망하고 포기하는 법이 없었습니다. 대신 '어떻게 하면 되게 할까?', '어떻게 하면 될 수 있을까?'를 고민합니다. 이것을 가능하게 하는 원동력은 긍정적인 마음에 있습니다.

나는 해낼 수 있다는 꿈, 바로 그것입니다.

헨리 포드
Henry Ford

- 포드자동차 창업자
- 기업인
- 국적: 미국
- 출생~사망 : 1863년 7월 30일, 미국~1947년 4월 7일
- 활동 분야 : 경제
- 주요 업적 : 자동차 T 모델 및 대량생산 시스템 개발

대표 명언

성공적인 삶의 비밀은 무엇을 하는 게 자신의 운명인지 찾아낸
다음 그것을 하는 것이다.

장애물이란 목표지점에서 눈을 돌릴 때 나타나는 것이다.
목표에 눈을 고정하고 있다면 장애물은 보이지 않는다.

세상에는 두 종류의 사람이 있다. 자신이 할 수 있다고
생각하는 사람과 할 수 없다고 생각하는 사람이다. 물론
두 사람의 말이 다 옳다. 그가 생각하는 대로 되기 때문이다.

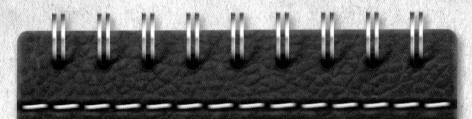

빌 게이츠

이해될 때까지 밤을 새워
답을 찾은 끈기의 왕

본명 윌리엄 헨리 게이츠 3세. 미국 마이크로소프트 회장으로 세계 최고의 갑부가 된 빌 게이츠는 1955년 10월 28일, 미국 시애틀에서 변호사인 아버지와 교사인 어머니 사이에서 태어나 남부러울 것 없는 유복한 가정환경에서 자랐습니다. 그의 부모는 아들이 변호사가 되기를 바랐습니다.

그러나 어린 시절, 빌은 부모의 바람과는 달리 학교 공부를 잘하지 못했을 뿐 아니라 어떤 일이든 금방 싫증을 내고, 일을 시작하면 끝을 맺지 못하고 중간에 쉽게 포기해 버리는 참을성 없고 변덕이 심한 아이였습니다. 그런 빌에게 그의 어머니는 끊임없이 야단을 치고 잔소리를 해댔습니다.

"빌! 사람이 살아가는 데 목표를 세웠으면 끝까지 해내고야 말겠다는 의지가 있어야 하는 거야. 너처럼 시작만 있고 끝이 없으면 어떤 일이고 해내기가 어렵단다. 그러니 이번 일은 아무리 힘들어도 끝까지 해보렴."

그러면 빌은 큰소리치며 대답했습니다.

"엄마, 너무 걱정하지 마세요, 제게도 다 생각이 있다니까요."

그 말에 어머니는 영 못 믿겠다는 듯이 의심의 눈길을 보냈습니다.

"큰소리는 친다마는 왜 엄마는 네 말에 믿음이 가지 않는지 모르겠구나. 이번에는 내가 믿을 수 있도록 꼭 끝을 좀 보여주렴."

어머니 앞에서 말은 그렇게 자신 있게 했지만, 빌의 행동은 그 후에도 나아질 기미가 보이지 않았습니다. 그러기는커녕 오히려 엄마를 놀리기라도 하듯 점점 더 심한 변덕쟁이가 되어 갔습니다. 그럴 뿐 아니라 시간이 나면,

"야, 신난다! 재미있는 걸 만들어 봐야지. 이번에는 뭘 만들어 볼까?" 하고 장난감을 만지작거리다가 얼마 못 가 무엇 하나 제대로 만들어 보지 못한 채 그냥 방바닥에 내팽개치고 밖으로 달려 나가는 것이었습니다.

그 모습을 지켜보던 어머니는 이제 더 이상 참을 수가 없어서 잘 아는 심리학자에게 1년 동안 빌을 관찰해 달라고 부탁했습니다.

"선생님, 우리 빌의 행동을 좀 고쳐주세요. 선생님의 도움 없이는 빌의 행동을 고칠 수 없을 것 같아요."

어머니의 부탁을 받은 심리학자는 빌을 꼼꼼히 관찰하였습니다. 그리고 1년 뒤, 그는 빌의 어머니에게 고개를 절레절레 흔들며 이렇게 말했습니다.

"아이에게 무엇을 강요하거나 타이르려고 하지 마세요. 그냥 하고 싶은 것을 하도록 놓아두는 것이 좋습니다. 만약 그렇게 하지 않으면 더 나빠질 수 있습니다."

그 말을 들은 빌의 어머니는 기가 막혔지만, 심리학자의 충고를 따

르지 않을 수 없었습니다. 그날 이후 어머니는 빌에게 안 좋은 말은 전혀 하지 않고 그냥 믿어주기로 마음먹었습니다. 그러자 놀랍게도 빌의 태도와 성격이 변하기 시작했습니다. 주어진 일에 대해 스스로 판단하고 결정하도록 내버려두자, 그는 매사를 자신 있고 끈기 있게 진행해 나갔습니다. 그제야 빌의 어머니는 '어떤 식으로든 부모가 아이의 인생을 조종해서는 안 되겠구나. 내가 그동안 빌에게 너무 간섭을 많이 했어' 하고 뉘우치게 되었습니다.

빌에 대한 어머니의 판단과 선택은 적중했습니다. 만약 빌의 어머니가 과거에 그랬던 것처럼 그를 닦달하고 인정하지 않았더라면, 그가 과연 오늘의 위대한 빌 게이츠가 될 수 있었을까요.

빌은 시애틀의 명문 사립 중·고등학교인 레이크사이드에서 13세 때 처음 컴퓨터 공부를 시작했습니다. 빌은 밤마다 집 근처에 있는 컴퓨터실에서 살다시피 했습니다. 그곳에서 그는 컴퓨터의 원리를 알아내기 위해 학교 컴퓨터를 해킹하여 부모님과 선생님들의 밤잠을 설치게 한 날이 많았습니다. 빌의 방은 지하에 있었는데, 밤에 몰래 컴퓨터실로 달려갔다가 동틀 무렵 침대로 돌아와 밤새 아무 일 없었던 것처럼 행동하곤 했다고 합니다.

"빌은 적절한 때, 적절한 곳에서, 적절한 일을 했을 뿐입니다. 이런 행동을 한 빌이 이처럼 세계적인 사업으로 성공하리라고 누가 상상이나 했겠습니까?"

이 말은 훗날 빌의 어머니가 이웃 사람들에게 한 말입니다.

빌은 부모의 간섭이 없어지자 영특한 호기심을 발휘하기 시작했는데, 초등학교 시절부터 이해할 수 없는 문제가 생기면 답을 알아내기 위해 엄청난 노력을 기울였고, 못 말리는 독서광으로 도서관에서 수많은 책과 씨름을 했습니다.

열 살이 되기 전에 이미 백과사전을 모두 독파한 그는 집 근처 공립 도서관에서 열린 독서경진대회에서 아동부 우승과 전체 우승을 차지했습니다. 그는 4~5장 분량이면 되는 학교 과제를 20~30페이지가 넘는 논문 분량으로 작성해 낼 정도로 탐구욕이 넘쳤다고 합니다. 밤새워 책을 읽고도 그것으로 모자라서 학교 사서 일을 자청하여 그곳에서 살다시피 하면서 엄청난 독서를 통해 폭넓은 지식을 키워 나갔습니다.

빌의 아버지는 이 외에도 빌이 어려서부터 남다른 점이 많았다고 증언합니다.

빌이 중학교에 다닐 때, 불행하게도 교통사고를 당해 한쪽 팔을 쓰지 못하는, 캐서린이라는 친구가 있었다고 합니다. 캐서린이 모든 것을 포기하고 의기소침해져 지내는 모습을 본 빌은 그녀에게 이렇게 말했습니다.

"캐서린, 너는 정말 착하고 예뻐. 그래서 반 친구들이 모두 너와 친하게 놀고 싶어 한단다. 그런데 너는 항상 체육시간에 빠지고 단체 활동도 별로 좋아하지 않으니 친구들이 너랑 놀 기회가 없다고 투덜대고 있어. 너, 이거 모르고 있었지?"

빌의 말에 캐서린은 아무 말도 하지 않았습니다.

"캐서린, 네가 팔을 다친 것은 네 잘못이 아니야. 너의 아픔을 모르고 널 놀리는 애들이 잘못이지. 캐서린, 난 네가 좀 더 적극적이고 활발했으면 좋겠어. 그러면 우리 반 애들이 널 아주 좋아할 텐데……. 네 마음속에 남아 있는 무거운 생각들을 그만 털어버리면 안 되겠니? 그리고 네가 하고 싶은 일을 한번 적극적으로 해 보렴."

빌의 말에 용기를 얻는 캐서린은 피나는 노력으로 자기가 좋아하는 무용을 계속한 끝에 마침내 무용 교사가 되었습니다. 이미 중학생의 어린 나이에 그는 학교 안에서 왕따 당하는 친구에게 용기를 불어넣어 주고 그가 가지고 있는 숨은 재능을 일깨워 주는 소중한 역할을 했던 것입니다. 외고집에 끈기라고는 없었던 그가 이처럼 친구를 위해서 좋은 일을 할 수 있었던 것은 바로 자기가 하고 싶은 일을 할 수 있었기 때문이었습니다.

고교에 진학한 후, 빌은 친구들과 컴퓨터를 갖고 지내는 시간이 많았는데, 특히 컴퓨터 프로그램 제작법에 관심이 많았다고 합니다. 17세가 되던 해에는 2년 선배인 폴 앨런과 회사를 설립하여 시내 교통량을 기록하고 분석하는 소형 컴퓨터를 생산했습니다. 그리고 하버드대학교 2학년인 19세 때에는 학교를 중퇴하고 다시 폴 앨런과 함께 마이크로소프트를 설립했는데, 설립 첫해인 1978년에 컴퓨터 언어 프로그램인 베이직 개발로 회사 매출액 100만 달러를 넘기는 성과를 올렸습니다.

빌 게이츠가 하버드대학교를 중퇴한 것에 대해 의아해하는 분들이 있을지도 모릅니다. 세계 최고를 다투는 꿈의 대학, 하버드를 중퇴하다니! 아무리 하고 싶은 일이 있어도 조금 미뤘다가 졸업하고 나서 해도 되지 않나, 그런 생각을 할 수 있으니까요.

빌 게이츠의 아버지는 당시 아들의 결정에 대해 걱정을 했었노라고 솔직하게 고백합니다. 그러나 아들은 자기의 목표 달성을 위해 나름대로 뚜렷한 계획을 가지고 있었기 때문에 그의 결정에 어떤 영향도 끼칠 수 없었다고 합니

▌ 최초의 개인용 컴퓨터인 앨테어 8800 본체 모습

다. 그러면서 그는 오히려 아들의 결정이 옳았다고 칭찬했습니다. 어려서부터 자기 삶의 방향을 스스로 결정하게 하고, 그 결과에 대해 책임지도록 가르친 결과였습니다.

마이크로소프트는 그래픽 환경을 지원하는 윈도우 3.1의 성공을 시작으로 윈도우 95 · 98 · 2000 등의 컴퓨터 운영체제를 구축하여 연평균 수익 성장률이 39%를 기록할 정도로 고속성장을 거듭했습니다. 36세의 젊은 나이에 전 세계 백만장자 서열 1위에 처음 오른 빌 게이츠는 이후 11년 연속 미국 최고 갑부로 선정되었습니다.

빌 게이츠는 미국 인구의 절반이 소유한 재산보다 더 많은 재산을 가졌음에도 불구하고 낡은 옛집을 고집하면서

"제겐 더 넓은 공간이 필요 없습니다. 햄버거를 위해 얼마를 지출할까 고민할 필요가 없는 걸로 충분하죠."
라고 말할 정도로 검소한 생활을 한다고 합니다. 그는 재산의 절반을 사회에 기부해 왔는데, 이것은 미국 인구 25%의 재산에 해당하는 금액이라고 합니다. 부자가 된 것에 머물지 않고, 도움을 필요로 하는 수많은 사람들에게 자신의 부를 아낌없이 나누어 주는 빌 게이츠의 모습이 참으로 아름답습니다.

빌 게이츠
Bill Gates

- 마이크로소프트 회장

- 기업인 · 자선사업가

- 국적: 미국

- 출생 : 1955년 10월 28일, 미국

- 활동 분야 : 경제

- 주요 업적 : MS-DOS · 윈도우 시리즈 개발, 3년 연속 세계 최고 부자, 영국 여론조사 기관 유고브 발표 '2015년 세계에서 가장 존경받는 인물'

대표 명언

나를 키운 건 동네 도서관이었다.

성공은 쉽게 만족하지 않고 계속 전진할 때 온다.

장기적 비전을 위해 단기적 손해를 감수한다.
이것이 성공의 비결이다.

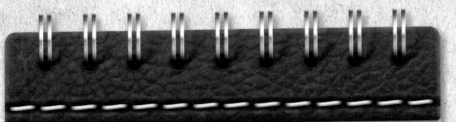

잭 웰치

말더듬이 잭?
20세기 최고의 경영자!

치, 친구들아, 안녕?
나, 나는 잭, 잭 웰치야.
재, 잭이라고 부, 불러!

응? 뭐라고?

성격이 급해서 그런지 잭에게
말을 더듬는 습관이 있구나……

얘야, 네가 너무 똑똑해서
다른 사람보다 말이 조금 빠르구나.
누구의 혀도 너의 똑똑한
머리를 따라갈 수 없을 거야!

저, 정말요?

어, 엄마!
학교 다녀오겠습니다~

점점 나아지고 있구나.

어머니의 가르침 덕분에
무사히 공부를 마칠 수 있었어요!

박사 학위

어이구! 장하다, 내 아들!

20세기 최고의 경영자로 손꼽히는 미국의 잭 웰치는 1935년 11월 19일, 미국의 매사추세츠 주 피바디에서 아일랜드 이주민 집안의 외아들로 태어났습니다. 그의 본명은 존 프란시스 웰치 주니어였지만 사람들은 간단하게 줄여서 '잭'이라고 불렀습니다. 잭 웰치의 부모님은 고등교육을 받지는 못하였지만, 어린 잭에게 공부를 열심히 하라고 강요하지도 않았습니다.

어머니 그레이스는 비록 공부는 많이 하지 못했지만, 숫자 계산에 매우 능해서 종종 이웃들의 세금 신고서를 대신 처리해 줄 정도였습니다. 그녀는 하나밖에 없는 아들이 성직자가 되기를 바랄 정도로 신앙심이 깊어서 매일 아침 잭의 손을 잡고 성당에 가서 열심히 기도를 드렸습니다. 어머니의 그런 진실한 모습을 보고 자란 잭은 어머니로부터 받은 영향이 매우 컸다고 고백합니다.

"나는 항상 무엇이든지 다 할 수 있다고 믿었습니다. 내가 무슨 일이든 스스로 할 수 있도록 살아가는 법을 가르쳐 주신 분은 어머니였습니다. 나의 어머니는 현실을 보는 눈이 너무도 정확하셨던 분입니다. 아무것도 몰랐을 때, 내가 혹시 나쁜 길로 빠지려고 하면 어머니는 어김없이 나를 옳은 길로 인도해 주셨습니다. 어렸을 때는 잘 몰랐는데, 지금 이 나이가 되고 보니 어머니가 얼마나 자식 교육에 헌신적이셨는지 알 수 있을 것 같습니다."

그가 세계 최고의 혁신 경영자로 우뚝 선 후, 사람들이 성공 비결을 물어올 때마다 그가 한 이야기입니다. 결국 오늘의 그가 있게 된 것은 바로 헌신적인 어머니의 힘이었다고 역설하고 있는 것입니다.

잭은 외아들로 태어났지만, 누구보다 승부 근성이 강했습니다. 어린 시절, 성질이 유난히 급했던 그는 이야기를 할 때마다 말을 더듬는 습관이 있었습니다.

"어머니, 저, 저, 오늘 시, 신나게 운동을 하, 하고 와, 왔습니다."

그의 말을 들을 때마다 어머니는 하늘이 무너지는 듯 눈앞이 캄캄했으나, 속으로 '내 반드시 이 아이의 버릇을 고쳐 놓겠다' 다짐을 하고 태연하게 말했습니다.

"얘야, 네가 너무 똑똑하기 때문에 말이 다른 사람들보다 조금 빠르구나. 누구의 혀도 네 똑똑한 머리를 따라갈 순 없을 거야."

꾸중을 하기보다 칭찬으로 아들에게 자신감을 심어준 것이었습니다.

이런 어머니의 자상한 보살핌에 힘입어 어느 순간 그에게서 말을 더듬는 버릇이 사라지고 말았습니다.

잭은 어렸을 때 특별히 무엇이 되겠다는 생각을 해본 적이 없었지만, 그가 목사가 되기를 바랐던 어머니는 성당에 갔다가 집으로 돌아오는 길에 항상 어린 아들의 손을 잡고 이렇게 말했습니다.

"애야, 너는 성격도 급하고 행동도 차분하지 못하니, 이다음에 자라면 신부님이 되려무나."

하지만 잭은 신부가 되고 싶은 마음이 없었습니다.

"엄마, 저는 성당에서 강론만 하는 사제는 되기 싫습니다."

어머니는 아들이 자기의 바람과 다른 길을 가겠다는 말에 조금은 실망하였습니다.

"아니, 신부님들이 얼마나 훌륭한 분들인데, 그분들이 하는 일이 싫다는 것이냐?"

"엄마, 저는 몸을 막 움직이고 정신없이 바쁘게 살아가는 그런 일을 하고 싶습니다."

"……."

아들의 말에 어머니는 더 이상 아무 말도 하지 않았습니다. 잭의 성격과 행동을 잘 알고 있는 터라 아들이 신부가 되기를 바랐던 자신의 꿈을 포기하기로 마음먹었습니다. 그 대신 속으로 아들이 어떤 일을 하든 성공하기를 바라되 그것을 겉으로 드러내어 말한 적은 없었습니다. 아버지 역시 잭이 장차 어떤 직업을 가졌으면 좋겠다는 말을 하지 않고, 그가 하고 싶은 일을 하도록 지켜보기만 했습니다.

살렘 고등학교 졸업반 시절, 아이스하키 팀 주장이었던 웰치는 최대의 라이벌인 베버리 고등학교와 예선전 마지막 경기를 힘겹게 펼치고 있었습니다. 주장답게 그가 멋지게 두 골을 먼저 넣으면서 승부는 일찌감치 결정 난 것처럼 보였습니다. 그러나 경기 종료 직전, 오히려 상대팀에게 두 골을 허용하여 연장전까지 간 끝에 그의 팀은 아깝게 베버리 고등학교에 패하고 말았습니다. 화가 난 잭은 하키스틱을 얼음판 위에 내던지고 라커룸으로 들어가 버리고 말았습니다.

응원석에서 지켜보던 그의 어머니는 잭의 이런 행동을 보고 라커룸으로 달려와 호되게 야단을 쳤습니다.

"잭, 네가 만일 패배를 인정할 줄 모른다면, 넌 결코 멋지게 승리하는 방법 또한 알 수 없을 것이다. 사람이 살다 보면 질 수도 있고 이길 수도 있는 것인데, 어찌 항상 이기고만 살겠느냐. 인간은 이기는 기쁨도 중요하지만, 지는 겸손함도 배워야 한다. 난 네가 이처럼 속이 좁은 사람인 줄을 몰랐구나. 경기를 항상 이길 수는 없다는 것을 왜 모르냐?"

그는 어머니가 이렇게 화내는 모습을 본 적이 없었습니다. 그래서 아무 말도 못하고 고개만 숙이고 있었습니다. 그는 이런 어머니를 통해 세상 사람들과의 경쟁에서 이기기 위해 열심히 살아가는 것도 필요하지만, 때로는 겸손한 자세가 필요하다는 것을 자연스럽게 터득하게 되었습니다.

열심히 공부하여 일리노이대학에서 화공학 박사 학위를 받은 그는, 졸업하자마자 제너럴 일렉트릭 회사에 평범한 사원으로 입사를 했습니다. 그런데 놀랍게도 입사한 지 불과 1년 만에 그는 자진해서 새로운 물질을 개발하는 총책임자의 자리에 올랐습니다. 그리고 특유의 창의력으로 승진을 거듭하여 46세의 젊은 나이에 제너럴 일렉트릭의 최연소 회장이 되는 영광을 얻었습니다. 이 때부터 그는 추진력 강한 경영혁신의 선구자로 자리를 굳히게 되었습니다.

그는 인재가 제일이라는 경영철학을 가지고 있었습니다.

"경영자는 한 손에 물뿌리개를, 또 한 손에는 거름을 들고 꽃밭에서 꽃을 가꾸는 사람과 같다."

이런 지론을 가지고 그는 자신이 사용하는 시간 중 75%를 사람을 키우는 일에 바쳤습니다. 그 중에서도 그를 세계적인 갑부로 만들어 준 가장 큰 원동력은 일을 할 때 항상 즐겁게 하도록 하는 특이한 기질이었습니다.

"경영자는 골치 아픈 직업이지만, 이보다 더 재미있는 일이 없다. 내가 만일 제너럴 일렉트릭의 최고 경영자가 되지 않았다면 프로 골퍼가 되었을 것이다. 골프야말로 내가 가장 좋아하는 두 가지 일 중의 하나인데, 사람과 경쟁을 완벽하게 조화시켜 놓은 스포츠이기 때문이다."

라고 단언할 정도로 그는 골치 아픈 회사 일조차 즐겁게 하는 경영자였습니다.

현재 세계 최우량 기업으로 손꼽히는 제너럴 일렉트릭은 20~30년 전만 해도 언제 쓰러질지 모르는 불안한 기업이었습니다. 이런 기업이 연매출 5000억 달러가 넘는 시장을 확보하고 성장을 거듭하고 있는 것은 잭 웰치라는 뛰어난 인물이 그 중심에 있었기 때문이었습니다.

그가 제너럴 일렉트릭의 최고경영자로 임명됐을 때, 미국의 시사주간지의 기사는 '짤막한 키와 고기 덩어리의 체격을 가진 사람은 회장의 자리보다 자동차 수리공에 더 잘 어울린다'고 비아냥거릴 정도로 그에게 혹독한 점수를 주었습니다.

그러나 잭 웰치는 주변의 냉소와 멸시를 외면한 채 게으름과 타성에 젖어 있는 20만 명의 노동자를 회사에서 몰아내는 과감한 감량 경영을 단행하면서, 신개념의 성공 전략을 몸소 실천해 보였습니다. 이일로 인해 그의 최고경영자 자격에 대하여 의심을 품는 사람은 아무도 없게 되었습니다.

미국을 비롯한 전 세계 기업이 총 망라된 100대 기업에서 제너럴 일렉트릭을 경영혁신의 1위로 끌어올린 잭 웰치는 65세의 나이로 퇴임할 때까지 20년간 제너럴 일렉트릭의 최고경영자 자리를 지켰습니다.

잭 웰치의 경영 철학을 살펴보면 아주 간단하고 명료합니다.

'사업은 단순해야 하고 일을 너무 복잡하게 만들어서는 안 된다. 변화를 두려워하지 말고 관료주의를 벗어버려라. 직원들의 두뇌를 능력껏 활용하며 가장 좋은 생각을 가지고 있는 사람들을 찾아내어 그들의 생각을 실행에 옮겨라.'

그는 누구에게서든 항상 배울 점이 있다고 생각했고, 심지어 경쟁업체에서도 배울 것이 있다고 역설했습니다. 그런 자세를 가지고 있었기 때문에 그는 새롭고 좋은 아이디어라면 출처가 어디인지를 문제 삼지 않고 연구, 발전시켜 나갔습니다.

20년 전, 잭 웰치가 제너럴 일렉트릭의 사장이 되었을 당시, 그 회사의 주력 업종은 발전기, 전구, 기관차, 가전제품, 항공기 엔진 등의 제조업이었습니다. 그러나 오늘날 제너럴 일렉트릭은 매출의 60% 이상이 기계류 사업과 관련된 서비스 부분에서 나오고 있습니다.

만약 어린 시절 잭 웰치가 말을 더듬을 때. 그의 어머니가

"넌 왜 그렇게 말을 더듬니? 우리 집안에는 그런 사람이 없었는데 이상하구나. 말 좀 똑바로 못 하겠니!"

라고 윽박질렀다면 어떻게 되었을까요? 아마 열등감에 시달려 뜻을 펼치기는커녕 부정적인 생각에 빠져 나쁜 길로 빠졌을지도 모릅니다. 어린 시절, 부모의 칭찬과 격려가 자녀를 성공의 길로 이끈다는 것을

잭 웰치의 어머니를 통해 잘 알 수 있습니다.

독일의 문호 괴테는 다음과 같은 말을 남겼습니다.

"현재의 모습 그대로 상대방을 대하면, 그 사람은 현재의 모습에 머물 것이다. 상대방의 잠재 능력을 그대로 대해 주면, 그는 그대로 성취해 낼 것이다"

잭 웰치
John Frances Welch Jr

- 제너럴 일렉트릭 회장

- 기업인

- 국적: 미국

- 출생 : 1935년 11월 19일, 미국

- 활동 분야 : 경제

- 주요 업적 : 1700여 건의 기업합병 성사, 2001년 영국의 〈파이낸셜 타임즈〉가 선정한 '세계에서 가장 존경받는 경영인'

대표 명언

변화해야 한다고 하기 전에 변화하라.

나는 실수들이 종종 성공에 이르는 좋은 스승 역할을 할 수 있다는 것을 알게 되었다.

당신의 운명을 지배하라. 아니면 누군가에게 지배당할 것이다.

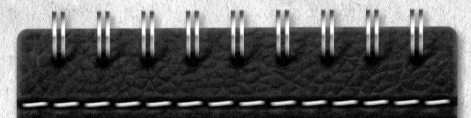

워렌 버핏

꾸준한 습관과 훈련이 낳은
투자와 경영의 귀재

워렌 버핏은 1930년 8월 30일, 미국 네브래스카 주 오마하에서 하워드 버핏과 라일라 부부의 세 자녀 중 둘째로 태어났습니다. 워렌이 태어났을 때, 전 세계는 경제 대공황이 극에 달했던 시기로, 워렌의 집안도 그 빈곤의 소용돌이를 피해 갈 수는 없었습니다. 그의 할아버지는 '버핏 앤 선(Buffett & Son Grocery)'이라는 작은 식료품점을 운영하고 있었고, 그의 아버지는 증권사에서 근무하다가 경제대공황으로 직장을 잃은 상태였습니다.

어려서부터 가난을 체험한 탓인지 워렌은 경제관념이 남달랐습니다. 워렌이 초등학교에 들어갈 무렵에는 집안 사정이 어느 정도 나아졌는데도, 돈을 관리하고 절약하는 습관은 여전했습니다.

어느 날, 워렌은 어머니를 도와 쓰레기를 버리고 1센트를 받았습니다. 그는 매일 허리에 차고 다니는 가죽 주머니에 그 돈을 잘 보관했습니다. 그리고 책상 앞에 앉아 작은 공책으로 만든 금전출납부에 용돈을 받은 날짜와 금액을 꼼꼼히 적었습니다.

그 모습을 본 어머니가 궁금해하며 물었습니다.

"얘, 그걸 왜 적니?"

그러자 워렌이 대답했습니다.

"어머니, 1센트밖에 안 되는 적은 돈이지만, 계속 모으면 나중에 할아버지가 운영하시는 가게도 살 수 있어요."

이처럼 워렌은 어렸을 때부터 스스로 일을 해서 용돈을 벌었고, 가능한 한 쓰지 않고 저축을 하려고 애썼습니다. 부자가 되려면 돈을 모아야 한다는 것을 어렸을 때부터 알고 실천했던 것입니다.

그가 열 살 때의 일이었습니다.

온 가족이 저녁식사를 하려고 식탁에 둘러앉았습니다. 그때 식탁 위에 놓인 콜라병이 워렌의 눈에 잡혔습니다. 순간, 워렌은 저 빈 콜라병을 가게에 가져다 팔면 돈을 받을 수 있겠구나 생각했습니다.

식사 기도가 끝나자마자 워렌은 병을 들어 콜라를 꿀꺽꿀꺽 마시기 시작했습니다.

"워렌, 콜라를 그렇게 한꺼번에 많이 마시면 이가 상한단다!"

어머니가 워렌에게서 병을 빼앗았지만 콜라는 반밖에 남아 있지 않았습니다.

"아니, 이빨에 안 좋은 콜라를 왜 6병이나 사오셨어요?"

워렌은 이상하다는 표정으로 어머니를 빤히 쳐다보면서 물었습니다.

그러자 옆에 있던 아버지가 대신 대답해 주었습니다.

"그건 말이야, 콜라를 한 병 살 때보다 6병 묶음으로 사면 더 싸기 때문이야."

그 말에 워렌은 귀가 번쩍 뜨였습니다.

"아버지, 얼마나 더 싼데요?"

"한 병을 사면 5센트인데, 한꺼번에 6병을 사면 25센트란다. 한 번 살 때마다 5센트를 절약할 수 있는 것이지."

아버지의 말씀이 끝나기가 바쁘게 워렌은 식탁에서 일어나 동전 주머니를 들고 할아버지가 운영하는 가게로 달려갔습니다. 그는 할아버지에게 25센트를 내고 콜라 6병을 산 후 근처의 아는 집들을 돌아다니면 한 병에 5센트를 받고 콜라 5병을 모두 팔았습니다. 그렇게 해서 그는 단번에 5센트를 벌어들였습니다. 이처럼 워렌 버핏은 어릴 때부터 생각이 남달랐으며, 기발한 생각이 떠오르면 바로 실천에 옮기는 뛰어난 경영인의 자질을 보여주었습니다.

워렌 버핏은 학교 다닐 때 단점과 장점이 뚜렷한, 대단히 특이한 성격의 소유자였습니다. 그는 수줍음이 많고 사교성이 부족해서 사람들과 잘 어울리지는 못했지만, 한편으로 숫자와 경영에 관해서는 아무도 따라오지 못할 만큼 집중력 있고 탁월한 재능을 지니고 있었습니다. 특히 숫자에 대한 기억력과 암기력이 매우 뛰어났는데, 이 점에 대해서 워싱턴 우드로 윌슨 고등학교 동창생이자 단짝 친구였던 돈 댄리는 이렇게 증언하고 있습니다.

▎ 오마하에 위치한 워렌 버핏의 집

"워렌은 아버지가 미 연방 하원의원에 당선되면서 워싱턴에서 고등학교를 다니게 되었습니다. 그는 너트에 볼트도 끼워 넣지 못할 정도로 기계에 관해 눈뜬장님이었습니다. 하지만 그는 암산으로 두 자리 숫자 20개를 더해서 정확한 답을 낼 수 있는 기막힌 능력을 갖고 있었습니다. 수학이나 경영에 관해서는 아무도 그를 따라잡을 수가 없었지요. 워렌은 고등학교를 졸업할 때까지 경제서적만 100권이 훨씬 넘게 읽었습니다."

워렌 버핏은 어려서부터 주식 중개인이었던 아버지의 어깨너머로 주식을 배웠습니다. 그는 8세 때 이미 아버지가 갖고 있던 주식 관련 책들을 모두 섭렵했으며, 11살 때에는 석유 회사인 시티서비스의 주식을 매입했을 정도로 경제에 일찍 눈을 떴습니다.

13세가 되자, 그는 가족들과 친구들에게 이렇게 호언장담을 했습니다.

"나는 서른 살에 백만장자가 될 거야. 만약 그렇게 못 되면 오마하에서 가장 높은 빌딩에 올라가 뛰어내리고 말겠어."

호언장담했던 대로 그는 1961년에 백만장자가 됐습니다. 생일을 기준으로 하는 미국식 나이로 정확히 30세가 되는 해였습니다.

　열일곱 살이 되던 해, 워렌은 친구인 돈 댄리에게 이런 제안을 했습니다.

　"댄리야, 나랑 사업 한번 해보지 않을래?"

　뜻밖의 제안에 친구는 어리둥절해서 물었습니다.

　"가진 돈도 없는데 무슨 사업을 한다는 거야?"

　"댄리야, 돈 걱정은 안 해도 돼. 용돈 조금만 가지고도 시작할 수 있는 일이야."

　"용돈 몇 푼 가지고 무슨 돈을 번다는 거야. 답답하니 네가 생각한 걸 어서 얘기해 봐."

　친구의 독촉에 워렌은 자기가 그동안 생각했던 것을 친구에게 모두 털어 놓았습니다.

　얘기를 다 듣고 난 댄리는 눈이 번쩍 뜨였습니다.

　"돈을 참 쉽게 벌 수 있구나. 그래, 우리 당장 해보자."

　그렇게 해서 두 친구는 각자의 용돈을 모아 중고 핀볼 게임기 대여 사업을 시작하게 되었습니다. 두 사람은 중고 핀볼 게임기를 구입해서 깨끗이 수리한 뒤 위스콘신에 있는 어느 이발소에 설치했습니다. 이발소 주인에게는 핀볼 게임기에서 나오는 수익의 20퍼센트를 주기로 합의했습니다. 이발하러 온 손님들이 자기 차례를 기다리는 동안 게임을 하게 하면 어떻겠느냐는 생각에서 나온 아이디어였습니다.

게임기를 설치한 다음날, 두 사람은 10달러의 매출을 올려 그 가운데 2달러를 이발소 주인에게 주고 8달러의 수입을 얻게 되었습니다. 중고 핀볼 게임기를 매입하는 데 든 돈이 35달러였는데, 일주일 만에 원금을 회수하고 제법 많은 이윤을 남길 수 있었습니다.

이발소에 설치한 핀볼 게임기의 수입이 좋다는 소문이 퍼지면서 다른 이발소 주인들로부터 우리 이발소에도 핀볼 게임기를 설치해 달라는 주문이 밀려들었습니다. 두 사람은 7곳의 이발소에 게임기를 더 설치하여 일주일에 50달러의 수익을 올렸습니다. 워렌은 이때 비록 적은 돈이지만 매주 돈을 벌게 되자

"인생이 이렇게 멋진 것인 줄 미처 몰랐습니다."

라고 말하기도 했습니다. 이런 경험은 그에게 생생한 경영의 원리를 깨우쳐 주었습니다.

두 젊은 사업가는 1947년 8월, 고등학교를 졸업하고 대학교에 진학하기 위해 핀볼 게임기를 다른 사업가에게 넘겼습니다. 워렌은 그해, 펜실베이니아 대학 와튼 스쿨에 진학했는데, 이때 그는 이미 주식 투자와 경영에 관해 전문가 수준에 이르렀습니다.

대학교에 입학했지만, 워렌은 학교생활에 별 관심이 없었습니다. 어릴 때부터 경영학 관련 책을 수백 권이나 읽었기 때문에 강의를 통해 배우는 경영학의 수준이 너무 낮아서 시시하기 짝이 없었습니다. 그는 학교 공부에 관심을 가지는 대신 자신이 갖고 있는 지식을 바탕으로 주식 투자에 몰두했습니다. 같은 과 친구들은 시험 공부한다고 야단이었지만, 그는 그 시간에 증권사 객장에 나가 주식상장회사들을 조사하고 주식 가격을 살피는 일을 하였습니다.

그는 학과 시험에 매달리는 동급생들에게 가끔 이런 말을 했습니다.

"나는 대학 교재에서 더 이상 배울 게 없어. 나는 시험 전날 책을 펴놓고 콜라 마시는 일이 유일한 재미야. 그래도 난 낙제점은 받지 않을 자신 있어."

이 같은 자신감은 폭넓은 독서에서 얻은 학문적 토대와 그것을 실

| 워렌 버핏이 오바마 대통령과 함께 이야기 나누는 모습

천해서 얻은 체험적 지식에서 우러나온 것이었습니다.

1950년, 워렌 버핏은 컬럼비아대학 비즈니스 스쿨에 진학합니다. 그는 이곳에서 평생의 스승인 벤저민 그레이엄을 만났습니다. 워렌 버핏은 다른 교수의 강의시간에는 항상 고개를 숙이고 딴짓을 하곤 했는데, 그레이엄의 강의 때만은 이상하리만치 푹 빠져들어 시간 가는 줄 모르고 경청했습니다. 뿐만 아니라 그는 그레이엄 교수가 가르친 모든 과목에서 최고 성적인 A+를 받았습니다.

이듬해 컬럼비아 비즈니스 스쿨을 졸업한 워렌 버핏은 그레이엄이 운영하는 투자회사 '그레이엄 뉴먼'에 입사했습니다. 입사 전, 그레이엄에게 무보수로 일할 테니 채용해 달라고 부탁할 정도였다고 하니, 그가 얼마나 이 회사에서 일하고 싶어 했는지 짐작할 수 있습니다. 처음에 그레이엄은 워렌 버핏의 능력이 실제보다 과대평가되었다는 이유로 그의 입사를 거절했지만, 나중에는 자신의 저서를 개정하는 일에 참여시킬 만큼 그를 신임했다고 합니다.

벤자민 그레이엄 밑에서 일하면서 투자의 원리를 터득한 워렌 버핏은 투자의 귀재로 이름을 날리기 시작했습니다. 그는 투자하기 전에 그 기업의 재무 상태를 꼼꼼히 조사하여 신중하게 판단하고 결정했는데, 그가 투자한 코카콜라, 질레트, 아메리칸 익스프레스, 워싱턴 포스트, 디즈니 등의 회사들이 얼마 지나지 않아 모두 마법처럼 주가가 뛰기 시작하곤 했습니다. 이런 그의 정확한 투자 능력에 놀라 사람들은 그에게 그의 고향 이름을 본따 '오마하의 현인'이라는 별명을 붙여 주었습니다.

워렌 버핏은 2016년 기준으로 680억 달러(84조 원)가 넘는 자산을 보유하고 있다고 합니다. 대부분의 사람들은 그가 이렇게 많은 재산을 가질 수 있었던 것이 주식 투자를 해서 성공했기 때문이라고 말합니다.

그러나 그가 이처럼 큰 부자가 될 수 있었던 것은 어렸을 때부터 경영에 대해 남다른 관심과 재능을 가지고 있었고, 작은 돈이라도 저축을 하고 계획을 세워 지출하는 습관을 가지고 있었기 때문입니다. 특히 강조하고 싶은 것은 그가 어려서부터 경제에 관한 책을 무수히 많이 읽고 경제이론으로 든든히 무장을 했기 때문에 가능했던 일이라는 것입니다. 자기가 좋아하고, 하고 싶은 일을 열심히 하게 되면 그 방면에는 최고 수준에 오른다는 사실을 그를 통해 배우게 됩니다.

많은 사람들이
제가 이렇게 많은 재산을 가질 수 있었던 게
주식 투자 비법 덕분이라고 말합니다.
그러나 제가 이렇듯 부자가 될 수 있었던 것은
어릴 적부터 경영에 대한 남다른 관심과
작은 돈이라도 아끼고 저축하는
습관 덕분이었습니다.

달걀 사세요!

달걀 1개 5센트

수탉 아니니?

워렌 버핏
Warren Edward Buffett

- 버크셔 해서웨이 최고경영자
- 기업인
- 국적 : 미국
- 출생 : 1930년 8월 30일, 미국
- 활동 분야 : 경제
- 주요 업적 : 2012년 미국 〈타임〉지 선정, 세계에서 가장 영향력 있는 100인

대표 명언

오늘 누군가가 그늘에 앉아 쉴 수 있는 이유는 오래 전에 누군 가가 나무를 심었기 때문이다.

많이 버는 것보다 잘 쓰는 것이 중요하다.

남에게 관대하고 자기에게 엄격하라.

Madonna Louise Veronica Ciccone

마돈나

나만의 노래와 춤으로
부자가 된 팝의 여왕

함께 살게 된 새엄마다. 잘 지내보자꾸나.

셋 다 이 옷을 입거라.

사람마다 개성이 다른데 왜 같은 옷을 입어야 하나요?

우리 마돈나는 누구보다 개성도 강하고 음악을 좋아하는구나. 가수가 되고 싶니?

네, 아빠. 세계에서 제일 유명하고 멋진 가수가 될 거예요!

마돈나는 재능도 뛰어나지만 노력을 게을리하지 않는구나!

미국의 팝가수 마돈나 루이스 베로니카 치코네는 1958년 8월 16일, 미국 미시건 주 베이시티에서 이탈리아 이민 1세인 자동차 엔지니어 아버지와 엑스레이 검사원 어머니 사이에서 6남매 중 셋째로 태어났습니다.

그녀는 사랑과 보살핌이 한창 필요한 다섯 살의 나이에 어머니를 암으로 잃는 아픔을 겪었습니다. 어려서 어머니의 죽음을 이해하지 못했던 그녀는 큰 상실감으로 인해 성장기에 많은 방황을 했습니다. 훗날 성공하여 기자회견을 가진 자리에서 마돈나는 어머니의 죽음으로 인해 겪어야 했던 심리적 공허감을 다음과 같이 털어놓았습니다.

"어머니의 죽음은 내게 커다란 상실감을 안겨주었습니다. 나는 자라면서 항상 외롭다는 느낌이 들었고 무언가를 갈망하게 되었습니다. 어쩌면 그 공허감이 나를 계속 몰아붙여서 오늘의 내가 있게 됐는지도 모르겠습니다."

어머니가 세상을 떠난 지 3년 후, 아버지는 집에서 일하던 가정부와 재혼을 했습니다. 다행스러운 것은 재혼 후에도 아버지에 대한 그녀의 믿음과 사랑만은 변함없이 그녀의 삶의 중심이 되었다는 것이었습니다.

"만약 우리가 공부를 하려 하지 않았다면 아버지는 가만히 놔두지 않으셨을 거예요. 아버지는 우리에게 무척 완고하게 대하셨지만 진심은 정말 우리를 사랑하고 아끼셨죠. 만약 아버지가 그렇게 엄격하지 않았다면 오늘날의 마돈나는 세상에 없었을지 몰라요."

마돈나는 이렇게 대중 앞에서 아버지의 교육열에 감사를 표하곤 했습니다.

그녀는 초등학교를 졸업하고 웨스트 공립 중학교에 진학했습니다. 그런데 새어머니와의 관계가 좋지 않아서 집안 분위기가 늘 싸늘했기 때문에 그녀는 집에 있는 것을 몹시 불편해했습니다. 집에 있는 날에는 그 누구와도 말 한마디 하지 않고 자기 방에 틀어박혀 음악만 들었습니다. 그런 모습을 보고 새어머니는 그녀를 더욱 미워하게 되었고, 그럴수록 새어머니와의 거리는 멀어지기만 했습니다.

성인이 된 후 잡지사 기자와의 인터뷰에서 마돈나는 이렇게 털어놓았습니다.

"나는 아버지에게 단 한 번도 맞은 적이 없지만, 열두 살 무렵 새어머니에게 뺨을 맞아 코피가 난 적이 있습니다."

그녀가 어릴 때, 새어머니는 근처 시장에서 산 옷감으로 세 딸에게 똑같은 옷을 지어 입혔습니다. 그러자 마돈나는 정색을 하며 거절했습니다.

"사람마다 개성이 다르고 생각이 다른데, 어째서 똑같은 모양의 옷을 만들어 주시나요? 나는 필요 없으니까 그 옷 안 입을 거예요.”

이처럼 마돈나는 어릴 때부터 자기의 개성을 무시하는 일은 참지 못하는 불 같은 성격을 가지고 있었습니다.

애덤스 고등학교 재학시절, 마돈나는 치어리더 팀과 연극부에서 활동했습니다. 그녀는 대본을 받을 때마다 여주인공을 도맡았으며, 교내 학예회 때에는 춤과 노래에서 뛰어난 재능을 보여주었습니다. 학교에서뿐 아니라 지역사회에서 그녀는 일찍이 유명인사가 되었습니다. 많은 사람들로부터 인정을 받으면서 자신감이 생긴 마돈나는 전직 발레 댄서였던 ‘크리스토퍼 플린’을 찾아가 그에게 발레를 배우기 시작하였습니다. 그녀의 아버지는 그녀가 어릴 때부터 음악 듣기를 유난히 좋아해서 피아노 레슨을 시켜 주려고 했으나, 그녀는 연주보다는 노래하고 춤추는 게 좋다고 하여 발레를 배우게 된 것이었습니다. 처음 몇 달 동안은 매일 밤 두 시간씩 혹독

⏐ 공연 중인 마돈나

하게 훈련을 받아 발에 피가 나서 연습을 중단할 정도였습니다. 그녀는 일단 어떤 일을 시작하면 자신을 잊어버릴 만큼 모든 힘을 쏟으며 열중했습니다.

훗날 그녀는 어느 잡지사 기자와의 인터뷰에서 이런 말을 했습니다.

"성장하는 동안 내 몸 안에 알 수 없는 공허감과 갈망이 자리 잡고 있어서 늘 가슴이 뻥 뚫린 채 살고 있었던 것 같아요. 어떻게 내가 하고자 했던 일이 이렇게 이루어졌는지 알 수 없네요."

어린 나이에 사랑하는 어머니를 잃은 상실감이 그녀의 마음속에 항상 채울 수 없는 빈자리로 남아 그녀를 한 가지 일에 몰입하게 만들었던 것이지요.

이처럼 열심히 노력한 덕분에 마돈나는 미시건 대학에서 무용 장학금을 받아 공부를 하는 영광을 얻게 되었습니다. 그러나 그녀는 대학생활에 만족하지 못하고 곧바로 자퇴한 뒤 뉴욕의 심장부인 타임즈 스퀘어로 달려갑니다. 그곳에서 그녀는 던킨 도너츠 가게의 종업원, 극단 단원, 가수들의 백댄서 등으로 활동하였습니다.

그러는 동안 그녀의 미모와 춤, 가창력이 많은 사람들에게 알려지게 되면서, 드디어 그녀는 유명 음반회사와 계약을 맺고 꿈에 그리던

첫 싱글 앨범 '에브리바디(everybody)'를 발표하게 되었습니다. 이 앨범은 마돈나의 멋진 춤과 함께 대성공을 거두었고, 이것을 시작으로 그녀의 음반은 새로 발매될 때마다 빌보드 정상을 차지하여 세상을 놀라게 했습니다. 또한 그녀의 패션, 액세서리, 헤어스타일은 1980년대 여성 패션의 대표 트렌드가 되었습니다.

팝의 여왕 마돈나는 자신이 세운 목표를 향해 끊임없이 노력하여 오늘에 이르렀습니다. 단돈 35달러를 갖고 뉴욕 한복판에 뛰어들어 시급 3달러를 받던 이 무명의 여가수는 발표하는 앨범마다 대성공을 거두면서 1989년 백만장자의 대열에 오르는 기적의 주인공이 되었습니다.

각종 신문 및 잡지의 발표에 의하면, 현재 마돈나의 연간 수입은 정확히는 알 수 없으나 약 4,300만 달러(516억 원) 이상이고, 총재산은 모두 6억 1300만 달러에 이른다고 합니다.

그녀는 세계적으로 3억 장 이상의 음반 판매고를 올려 음반을 가장 많이 판매한 여자 가수로 기네스북에 이름이 올라 있습니다. 이로써 그녀는 '팝의 여왕'이라는 별명을 얻었으며, '역사상 가장 위대한 팝 가수 중 한 명'으로 기록되고 있습니다.

지금 그녀는 항상 새로운 것에 도전하는 모험심을 가지고 세계를 움직이는 영향력 있는 가수이자 성 해방을 부르짖는 여성운동가, 사업가로 정열적인 삶을 살아가고 있습니다.

마돈나
Madonna Louise Veronica Ciccone

- 미국 팝 가수
- 가수 · 영화배우 · 영화감독
- 국적: 미국
- 출생 : 1958년 8월 16일, 미국
- 활동 분야 : 음악예술
- 주요 업적 : 여성 최다 음반 판매 기록(1억 9700만 장), 기네스 기록·빌보드 싱글차트 역사상 가장 성공한 솔로 가수, 빌보드 차트 역사상 가장 성공한 가수 전체 집계 2위[1위: 비틀즈(Beatles)]

대표 명언

보내주는 법을 배울 때 자유로워질 수 있다. 아니라고 말할 수 있을 때 새로운 삶을 시작할 수 있다.

음악은 사람들을 함께하게 한다.

앞으로 내가 마주치게 될 것들은 두렵지 않아. 가만히 멈춰 서 있는 게 두려울 뿐이지. 뛰어오를 준비가 됐어? 이제 준비를 해. 뒤돌아보지 마.

" 내 자녀의 재능은?
하고 싶어 하는 일은 무엇?
"

많은 사람들이 공부만 잘하면 커서 성공할 것이라고 생각합니다. 그래서 저학년 때부터 아이를 학원에 보내며 성적을 올리기 위해 애를 씁니다. 물론 어느 정도까지는 맞습니다. 그런데 이것으론 부족합니다. 성공한 이들 중에는 오히려 공부는 약간 부족하더라도 남들과 다른 능력으로 꿈을 이룬 이들이 많습니다. 2장에서 소개한 헨리 포드, 잭 웰치, 빌 게이츠, 워렌 버핏, 마돈나 등이 그런 인물들이었습니다.

이들은 어릴 때부터 자기가 좋아하는 일이 뚜렷했습니다. 그리고 밤을 새워가며 그 일에 몰두하고 열정을 쏟아부었습니다. 우리가 높이 사야 할 점은, 그들의 부모가 아이가 좋아하는 일을 하도록 적극적으로 도와주었다는 것입니다. 보통의 부모들처럼 그들이 자녀에게 공부만 강요했다면, 그들의 자녀가 자기 분야에서 최고가 되기는 불가능했을 것입니다.

　아직 내 아이가 가지고 있는 재능이 무엇인가, 하고 싶어 하는 일이 무엇인가 모르고 계시다면 하루 빨리 그것을 찾아내시기 바랍니다. 그리고 만약 그것이 나를 실망시키고 나의 기대와 상반되는 것이라면, 그것이 진정 아이를 위한 길인지 돌아보시고, 아이가 좋아하고 하고 싶어 하는 길을 가도록 격려하고 응원해 주시기 바랍니다.

어떤 장애물도 내 앞길을 막을 수는 없어!

3.

- **정주영**(현대그룹 창업자) 황무지에서 이루어 낸 기적들

- **손정의**(일본 소프트뱅크 그룹 회장) 가난한 생선장수의 아들에서 세계적인 기업가로

- **리카싱**(홍콩 청쿵 그룹 회장) 중학교 중퇴의 학력으로 아시아 최대 갑부가 된 비결

- **오프라 윈프리**(전 '오프라 윈프리 쇼' 진행자) 천대받던 빈민가 흑인 소녀의 눈부신 변신

정주영

황무지에서
이루어 낸 기적들

정주영은 지금은 북한 땅이 된 강원도 통천에서 가난한 농부의 아들로 태어났습니다. 1915년 11월 25일생인 그는 초등학교(당시 소학교)에 들어가기 전 3년 동안 누구보다 혹독하게 한학 공부를 했습니다. 할아버지가 훈장님으로 계시는 서당에서 천자문을 비롯하여 소학, 대학, 맹자, 논어 등을 배웠던 것입니다.

어린 정주영은 한문 고전을 열심히 암기하고 뜻을 익혔습니다. 훈장이신 할아버지께서 흡족하게 여기실 때까지 반복해서 공부를 했습니다. 특별히 공부가 재미있어서가 아니었습니다. 내용을 이해해서도 아닙니다. 그저 회초리로 종아리를 호되게 맞는 게 무서웠기 때문이었습니다.

그렇게 공부하여 열 살 때 소학교에 입학하게 되자 주영은 마음이 해이해졌습니다. 지금까지 해왔던 공부에 비해 학교 수업이 너무 쉬웠던 것입니다. 그의 실력은 별다른 노력 없이 1학년에서 3학년으로 곧장 월반을 할 정도였습니다.

성질이 무척 급했던 그는 신발을 신을 때 왼짝 오른짝을 자주 바꿔 신었습니다. 이 때문에 부모님으로부터 자주 꾸중을 들었습니다. 급한 성격은 붓글씨를 쓸 때도 표가 났습니다. 다른 공부는 뛰어난 편이었지만, 성격이 급하다 보니 글씨가 반듯하질 못했습니다. 마음이 차분해야 글씨체가 아름다운 법인데 그러질 못했기 때문이었습니다. 게다가 집안일을 거들어야 했으므로 시간도 늘 부족했습니다. 방학은 물론 일요일에도 새벽부터 밤늦게까지 아버지 옆에서 농사일을 배우며 일을 도와야 했습니다. 학교 공부가 끝난 후에도 자유시간이 없이 바로 논밭으로 나서곤 했습니다.

이웃의 다른 집 부모님들은 어린 자식들한테 비교적 너그러웠지만, 주영의 아버지는 유별났습니다. 어린 아들에게 추석 전날까지 들일을 시킬 정도였습니다. 그러더니 주영이 소학교를 졸업하자마자 기다렸다는 듯이 그에게 본격적으로 농부 수업을 시켰습니다. 주영은 상급학교에 진학해서 교사가 되고 싶었지만, 가정 형편상 그 소원은 허황된 꿈으로 끝날 위기에 처했습니다. 암울한 현실 앞에서 주영은 그저 한숨만 나왔습니다.

'평생 허리 한번 제대로 못 펴고 죽도록 일을 해도 밥 한번 배불리 못 먹는 농사꾼으로 살아야 하나. 아버지처럼 그냥 그렇게 고생만 하다가 내 인생을 끝내야 하나.'

이런 생각을 할 때면 가슴이 답답하고 앞날이 막막해졌습니다.

'농사일은 고된 데 비해 소득이 너무 적다. 그러니 농사꾼은 아무리 발버둥 쳐도 평생 가난하게 살 수밖에 없는 것이다. 고향을 떠나 다른 일을 할 방법은 없을까? 이 지긋지긋한 가난에서 벗어날 길은 과연 없는 것일까?'

막연한 생각이었지만, 외지에 나가서 그 어떤 일을 하든 농사에 들이는 노력만큼 힘들이면 못 할 것이 없어보였습니다.

'그래, 기회만 생기면 도시로 나가자!'

고향과 농사일에 회의를 품고 있던 주영은 때만 기다리고 있었습니다. 이런 그를 더욱 부추긴 것은 유일하게 동네 구장(이장) 댁에 배달되어 오던 신문이었습니다. 활기찬 도시의 소식이 담긴 신문기사는 그의 가슴에 계속해서 기름을 부어댔습니다.

주영은 동네 어른들이 돌려보고 난 신문을 맨 나중에 얻어 읽었습니다. 그럼에도 불구하고 그것은 바깥세상과 단절된 농촌에서 유일하게 접할 수 있는 소식통이었습니다. 그때 주영은 매일 신문에 연재되고 있는 소설마저 실제로 일어난 일인 줄 알았을 정도로 순진했습니다.

그는 신문에 실린 이광수의 소설 〈흙〉의 주인공 허숭 변호사 이야기에 무척 감동을 받았습니다. 자신도 도시로 나가 막노동을 해서라도 돈을 벌어 고학을 해서 허숭 같은 변호사가 되고 싶다는 막연한 꿈을 꿔 보기도 했습니다.

실제로 그는 이후에 어려운 형편에도 불구하고 〈법제통신〉이나 〈육법전서〉와 같은, 당시 변호사가 되기 위해 익혀야 하는 책들을 구입해서 열정적으로 공부를 하기도 했습니다. 보기 좋게 떨어지고 말았지만, 사법고시까지 치렀습니다. 위대한 기업가로 이름을 드날린 그가 한때 법학도를 꿈꿨다는 사실이 무척 흥미롭습니다.

주영이 고향을 떠나게 된 것도 신문기사 때문이었습니다. 청진의 개항공사와 제철공장 건설공사 현장에 노동자가 필요하다는 동아일보 구인 광고를 본 주영은 마음속으로 쾌재를 불렀습니다. 그는 즉시 이웃에 사는 친구를 불러내어 가족 몰래 함께 고향을 떠났습니다.

하지만 그 행복감은 며칠 가지 못했습니다. 어떻게 알고 불쑥 찾아온 아버지에게 끌려 다시 고향으로 되돌아가게 된 것입니다. 어떻게 해서든지 그를 고향에 붙잡아 두려는 아버지와, 무슨 수를 써서라도 고향을 탈출하고자 하는 아들의 집념이 한 치의 양보 없이 계속되었습니다. 그런 가운데 주영의 가출 시도는 끈기 있게 계속되었습니다.

부모님 입장에서는 무던히도 마음을 아프게 한 자식이었지요. 실제로 그의 어머니는 그가 떠나면서 벗어놓고 간 옷을 찢으며 가슴을

치며 울었다고 합니다.

"이놈아, 송충이는 솔잎을 먹어야 살 수 있는 법이야. 돈도 없이 집을 뛰쳐나가서 어떻게 살 셈이냐?"

"어머니, 괜한 걱정 마시고 제발 저 좀 편안히 놔 주세요. 저는 잘 살 자신이 있습니다. 어머니는 이 지긋지긋한 가난을 저에게도 물려주고 싶으세요?"

세 번째 가출에서 붙잡혀 돌아온 날, 그는 울면서 어머니에게 떼를 쓰듯 울부짖었습니다.

그러나 완고한 아버지를 이길 수는 없었습니다. 주영은 아버지에게 매를 심하게 맞고 나서 결국 아버지를 도와 농사를 짓겠노라고 항복을 하고 말았습니다. 그는 속으로 울분을 삭인 채 부지런히 농사지어 농토도 넓히고 열심히 소 키워 아버지처럼 동생들 혼인시켜 세간 내주며 그렇게 살아보자고 스스로를 달랬습니다.

그러나 그렇게 결심하고 눈코 뜰 새 없이 농사일에 힘을 쏟았음에도 불구하고 그해 또 다시 흉년이 들고 말았습니다. 흉년이 드니 집집마다 부부싸움이 잦아졌습니다. 그 이유는, 먹을 양식이 없는데 굶어 죽지 않고 다음 추수 때까지 무슨 방법으로 살아갈 것이냐를 놓고 다투기 때문이었습니다. 주영의 부모님도 언제나 식구들이 먹고사는 양식 문제로 언성을 높이곤 했습니다.

하루 세 끼 밥 준비하는 것이 어머니의 일이다 보니 양식이 떨어지면 아버지께 얘기를 안 할 수가 없었습니다. 그러면 사는 게 온통 힘들기만 한 아버지의 입에서는 언제나 똑같은 대답이 쏟아져 나왔습니다.

"쌀 사 온 지 얼마 됐다고 벌써 다 먹었다는 거야? 도대체 살림을 어떻게 하는지 통 알 수가 없네……."

양식 모자라는 게 자기 탓이라고 몰아붙이는데 듣고 가만히 있을 어머니가 아니었지요.

"아니, 평생 쌀 한 톨도 아끼면서 살아온 판에 내가 살림을 뭘 어떻게 했다고 그러시오? 그래, 그 쌀을 나 혼자 다 먹었소?"

어머니의 가시 돋친 대답은 또다시 부부싸움의 신호탄이 되었습니다.

"양식 떨어졌다는 소리를 왜 꼭 아침 밥상머리에서 하는 거요?"

"그럼 밥상 치우기 바쁘게 밖으로 나가는 양반한테 밥상머리에서 안 하면 언제 하나요? 누구는 하고 싶어서 하는 줄 아시오?"

어머니도 성격이 강해서 한 마디도 지지 않으시니 서로의 목소리가 점점 높아만 갔습니다. 그러다 보면 점점 감정이 격해져서 결국 밥상이 날아가기 일쑤였습니다.

누구의 잘못도 아니고 단순히 양식이 없어서 내뱉은 푸념일 뿐인데, 어떤 때는 그 말 한마디에 서로 감정이 폭발하여 큰 싸움으로 번지기도 했습니다.

'이대로는 안 되겠다. 어서 이 집을 떠나서 최소한 식구들 세끼 밥이라도 배불리 먹을 수 있게 해야겠다.'

그는 꿈을 접고 농사일에 매진하려고 했던 자신의 생각이 잘못되었음을 깨닫고 무슨 일이 있어도 이번에는 저 멀리 서울로 가서 농사가 아닌 다른 일로 꼭 성공하리라 결심을 하였습니다.

열아홉 살 되던 해 늦은 봄, 주영은 드디어 정든 집을 떠나게 되었습니다. 일단 서울로 가기로 마음을 정했는데, 기차표를 살 돈이 없었습니다. 그는 벌어서 나중에 갚기로 하고 이웃 마을에 사는 친구에게 차비를 빌렸습니다.

서울에 도착하자마자 주영은 무작정 인천으로 갔습니다. 인천에 도착한 그는 한 달 동안 부두에서 온갖 힘든 일을 다 하며 어떻게든 돈을 모아 보려고 했습니다. 그러나 그렇게 죽을 둥 살 둥 일을 해도 겨우 입에 풀칠밖에 할 수가 없었습니다. 게다가 설상가상 장마가 겹쳐 일을 할 수 없게 되자, 그의 눈에 인천은 아무 희망이 없어

보였습니다.

그래서 생각해 낸 것이 같은 노동을 해도 서울서 하는 게 더 낫겠다는 것이었습니다. 그는 한 달 만에 인천을 떠나 서울로 향했습니다.

그런데 가는 도중, 부천의 어느 농가에서 일꾼을 구한다는 소식을 듣게 되었습니다. 그 집에서 먹여주고 재워주고 품삯까지 준다기에 주영은 그 집에 들어가 며칠 동안 열심히 일을 했습니다. 그러자 동네에 일 잘하는 일꾼이 하나 들어왔다고 소문이 나면서 그는 이 집 저 집 불려 다니며 일을 하게 되었습니다. 그렇게 한 달가량 일을 하니 난생 처음으로 약간의 돈을 모을 수가 있었습니다.

그 길로 서울로 올라와 그가 잡은 첫 일자리가 안암동에 있는 현재 고려대학교의 신축 공사장이었습니다. 그는 여기에서 두 달 가까이 돌과 목재를 나르는 노동을 하다가 원효로 용산역 근처에 있는 '풍전 엿공장(현재 동양제과)' 심부름꾼으로 취직을 하게 되었습니다. 그의 목표는 고정된 일자리를 갖는 것이었기 때문에 막노동을 하면서도 틈만 나면 돌아다니며 보다 나은 직장을 찾았던 것입니다.

그 후 그는 다시 '복흥상회'라는 쌀가게 배달원으로 자리를 옮겼습니다. 일단 안정된 직장인데다가 점심과 저녁 끼니를 먹여주고 월급으로 쌀 한 가마를 받기로 했기 때문에 당시 그의 입장에서는 상당히 좋은 직장이었습니다.

'한 달에 쌀 한 가마니면 일 년이면 열두 가마니가 아닌가. 고향 떠나기를 잘했다. 이제 아버지도 나를 이해하고 인정해 주실 거야. 이렇게 1년만 고생해도 고향에 있는 식구들이 굶지는 않게 되겠지.'

그는 앞날이 조금씩 열린다는 생각에 흥분과 기쁨을 감출 수 없었지만, 고향의 부모님에게 그 소식을 알리지는 않았습니다. 아버지가 아시면 또 언제 그를 잡으러 오실지 알 수 없기 때문이었습니다.

그가 처음으로 집에 소식을 알린 것은, 집을 나온 지 3년이 지나 1년 봉급이 쌀 20가마가 됐을 때였습니다. 아버지는 소식을 듣고 즉시 가슴속에 묻었던 말을 답장에 써 보냈습니다.

'네가 출세를 하기는 한 모양이구나. 이처럼 기쁜 일이 어디 있겠느냐. 쌀 20가마는 우리 집에서 2년 동안 먹고 지낼 양이다. 그래, 이왕에 집을 나갔으니 열심히 일해서 굶지 말고 살도록 하여라.'

그는 무슨 일을 하든지 꾀를 부리는 법이 없었습니다. 쌀가게 일을 하면서도 그는 작은 일이든 큰일이든 아버지가 농사일 하시듯 그야말로 온 힘을 다해 쉬지 않고 일했습니다. 그동안 게으른 아들 때문에 골치를 썩던 쌀가게 주인은 일을 열심히 배워 몸 안 사리고 쓸고 치우고 배달하며 손님 대접도 명랑하게 하는 주영을 매우 마음에 들어 했습니다. 쌀가게 주인은 돈은 많았지만 학교 공부를 못해서 장부를 쓸 줄 모르고 메모만 겨우 하는 형편이었는데, 주영이 들어 간 지 6개월쯤 되었을 때 그를 믿고 금전 출입의 장부 일체를 맡겼 을 정도였습니다.

그렇게 열심히 일을 한 지 2년이 되었을 때였습니다. 주영은 쌀집 주인으로부터 '복흥상회'를 인수할 의향이 없느냐는, 전혀 생각지 못 했던 제의를 받았습니다. 만주까지 들락거리며 가산을 탕진하는 아 들 때문에 울화병이 나서 가게를 그만두겠다는 것이었습니다.

그날 밤, 정주영은 밤새도록 잠을 한숨도 못 잤습니다. 강원도 산 골에서 가난에 쪼들리며 어렵게 살았던 일과 집을 뛰쳐나왔다가 아 버지께 잡혀서 되돌아갔던 일, 그리고 서울에 올라와 고생했던 수많 은 날들이 동영상처럼 선명하게 스쳐 지나갔기 때문입니다.

'아, 이제 내가 쌀가게 주인이 되는구나. 이날이 오기를 얼마나 기 다렸던가.'

두 눈에서는 볼을 타고 눈물이 흘러내리는데도 그의 마음은 날아 갈 듯이 기뻤습니다.

다음 날, 그는 그동안의 단골 고객을 그대로 물려받고 월말에 계산하는 조건으로 쌀을 얼마든지 대어주겠다는 정미소의 약속을 받아 신당동 대로변에 월세로 가게를 얻어 쌀집을 개업했습니다. 쌀집 이름은 서울에서 제일가는 가게를 만든다는 포부로 '경일상회'라고 붙였습니다. 그때 그의 나이 스물넷. 고향을 떠난 지 4년 만에 이루어 낸 인생 승리였습니다.

그는 즉시 시골에 있는 동생을 불러 올려 쌀 배달을 시키고, 자신은 단골 이외의 새로운 큰 고객을 확보하기 위하여 부지런히 새 거래처를 찾아다녔습니다. 그 결과 '경일상회'는 날로 번창해 갔습니다.

그런데 개업한 지 2년 만에 중일전쟁이 발발하면서 일본 총독부에서 쌀 배급 제도를 실시하게 되었습니다. 이 때문에 전국의 쌀가게가 모두 문을 닫게 되었습니다. 정주영도 할 수 없이 쌀가게를 정리하지 않을 수 없었습니다. 그는 그 동안 모았던 돈 일부를 챙겨 집을 떠난 지 6년 만에 고향으로 내려갔습니다. 그리고 부모님께 논 2천 평을 사드리고 결혼도 했습니다.

그러나 맨몸으로 세상에 뛰어들어 작게나마 성공을 거머쥐었던 그가 고향에서 조용히 농사나 짓고 있을 리 만무였습니다. 이듬해 그는 다시 서울로 올라가 새로 할 일을 물색했습니다. 이번에 그가 찾아낸 것은 아현동 고개에 있는 '아도 서비스'라는 자동차 수리 공장이었습니다. 그는 빚을 얻어 야심차게 새 일을 시작했습니다.

그러나 안타깝게도 공장을 인수한 지 며칠 되지 않아, 그는 모든 것을 잃고 빚더미에 올라앉고 말았습니다. 그의 실수로 불이 나서 자동차들과 함께 공장이 순식간에 잿더미로 변해 버린 것입니다.

정주영은 쌀가게를 운영할 때 신용을 쌓았던 삼창정미소 사장을 찾아가서 무릎을 꿇고 사정을 하였습니다.

"사장님, 제가 이제 막 일어서려다가 그만 된서리를 맞았습니다. 저는 가진 것이라고는 오직 젊음과 신용밖에 없습니다. 한 번만 살려주시면 어떠한 일이 있어도 꼭 갚겠습니다."

뜻밖에도 정미소 사장은 선선히 돈을 빌려주었습니다.

"정군. 자네 신용만 믿고 내 3500원을 더 빌려주는 것이니 열심히 해보게."

정주영은 이 돈으로 신설동에 빈터를 얻어 무허가 자동차 수리공장을 시작했습니다. 공장은 밀려드는 일감으로 눈코 뜰 새 없이 바빴습니다. 덕분에 그는 돈을 꽤 많이 벌었습니다.

그는 곧 중구 초동에 '현대자동차공업사'라는 간판을 걸고 자동차 수리 공장을 시작했습니다. 그리고 이어서 '현대건설'을 설립하여 경부고속도로를 비롯한 수많은 공사들을 성공적으로 이끌어 냄으로써

'현대그룹'이라는 대기업을 이루어 냈습니다. 1995년, 그는 세계 부자 순위 9위에 오르기도 했습니다.

정주영 회장은 별명이 '불도저'였습니다. 한번 마음먹은 일은 무섭게 밀어붙이는 그의 추진력 때문이었습니다. 1970년, 울산 모래벌판에 세워진 현대조선소는 모두가 불가능한 일이라고 했지만, 그가 끝까지 밀고 나가 성공으로 이끈 산 증거물이었습니다.

1998년, 그는 84세라는 고령에도 불구하고 북한 최고 지도자인 김정일 국방위원장을 만나 금강산 관광 사업을 성사시켰습니다. 그 덕분에 그해 11월 18일, 분단 반세기 만에 남쪽 대한민국 국민들이 공식적으로 북한을 방문할 수 있는 금강산 관광사업이 시작되었습니다. 그가 세상을 떠나자, 북한은 조문단을 보내 고인에 대한 애도를 표했습니다. 그는 고인이 되어서까지 남북관계에 큰 기여를 한 위대한 경제인으로, 맨손으로 대한민국 최대의 기업을 이루어낸 의지의 인물로 많은 사람들에게 오래오래 기억될 것입니다.

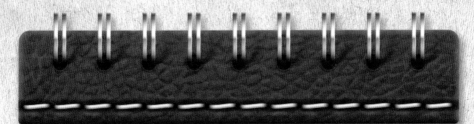

정주영
鄭周永

- 현대그룹 창업자
- 기업인
- 국적: 한국
- 출생~사망 : 1915년 11월 25일, 강원도~2001년 3월 21일
- 활동 분야 : 경제
- 주요 업적 : '아시아를 빛낸 6인의 경제인'(1996), 금강산 관광사업

대표 명언

불가능하다구? 해보기는 했어?

'적당히'의 그물 사이로 귀중한 시간을 헛되이 빠져나가게
하는 것 이상 우매한 짓은 없다.

작은 일에 성실한 사람은 큰일에도 성실하다. 작은
일을 소홀히 하는 사람은 큰일을 할 수 없다. 작은
일에 최선을 다하는 사람은 큰일에도 전력을 다한다.

손정의

가난한 생선장수의 아들에서
세계적인 기업가로

일본 친구들이 한국인이라고 무시하고 괴롭혀요……

정의야~, 그럼 당분간은 한국인임을 숨기고 일본 성씨인 야스모토로 살도록 하자.

나, 미국으로 유학가게 되었어!

더욱 열심히 해서 언젠가 내 한국 이름을 당당히 알려줄 거야!

제게는 수업 진도가 너무 느려요. 검정고시를 봐서 남들보다 빨리 졸업할 수 있게 해주세요. 그리고 시험 문제는 남들과 공평하게 제가 쓰는 말인 일본어로 내주세요.

허허, 녀석 참 당돌하구먼.

자네가 고등학교를 3주 만에 졸업하고 우리 대학에 입학한 그 일본인인가?

아닙니다. 저는 한국인이고, 이름은 손·정·의입니다.

손정의는 1957년 8월 11일, 일본 남단의 큐슈 사가 현 도수 시에서 생선장수의 아들로 태어났습니다. 번지수도 없는 기찻길 옆 무허가 판잣집에서 태어난 그에게 가난은 벗어버릴 수 없는 숙명과도 같았습니다. 더욱이 출생과 동시에 그림자처럼 그를 따라다니는 것이 있었으니, 그것은 한국인 3세라는 이유로 당해야만 하는 일본인들의 차별 대우였습니다. 그는 유치원에 다닐 때 한 일본인 아이로부터 돌로 머리를 얻어맞은 뒤, 한국 이름의 손(孫) 씨 성을 숨기고 '야스모토'라는 일본인 성으로 살아야 했습니다.

재일 한국인으로서 일본인들로부터 평생 온갖 차별과 멸시를 참아내며 살아야 했던 그의 아버지는 정의가 어릴 때부터 여기에 맞서 강한 정신력을 가지고 살아가도록 가르쳤습니다. 특히 네 아들 중 둘째인 정의가 형제들 중에서 제일 영특하다는 사실을 알고 나서부터는 그의 마음속에 천재의식을 길러주려고 노력했습니다.

"정의야, 너는 이 세상에서 둘도 없는 천재야. 너 같은 인재는 이 일본 땅에 없어. 너는 부지런히 공부해서 이 아버지처럼 천대받는 삶을 살지 않아야 한다. 그리고 한국인이라는 긍지를 한시도 잊지 말아라."

물론 그것은 아버지의 바람일 뿐이었지만, 그 말을 귀에 못이 박히도록 듣고 자란 정의는 아버지의 간절한 소망을 뼛속 깊이 간직하고 자랐습니다.

이런 불모의 환경에서 그는 어릴 때부터 어른들조차 입이 딱 벌어질 만큼 외골수에다 모두가 피할 정도로 남에게 지는 것을 죽도록 싫어하는 독종 중의 독종으로 자랐습니다.

그가 초등학교 3학년 때의 일이었습니다. 할머니의 일로 아버지와 말다툼을 하게 되었는데, 정의가 아버지 옷자락을 붙잡고 매달리면서 조목조목 따지는 통에 결국에는 아버지가 잘못했다고 사과를 할 정도였다고 합니다.

정의는 중학교에 들어가 한 학기를 마치고 후쿠오카로 전학을 했습니다. 그것은 비록 자신들은 가난하고 못 배웠지만 아들만은 제대로 공부해서 고생하지 않고 잘살기를 바라는 부모님의 사랑과 뜨거운 교육열 때문이었습니다.

그러나 큐슈의 명문인 구루메 대학 부설 고등학교에 입학한 손정의는 1학년을 마치기 전에 학교를 중퇴하고 말았습니다. 영어 연수를 위해 미국에 다녀온 것이 원인이었습니다. 캘리포니아 대학 버클리 캠퍼스에서 영어 연수를 하면서 그는 많은 것을 보고 느꼈습니다. 어린 나이지만 자라오는 동안 일본 사회의 폐쇄성에 질려 있던 그는 미국 사회의 개방성에 한눈에 반해 버리고 말았습니다. 그는 일본의 고등학교를 중퇴하고 미국으로 유학을 가기로 결심했습니다.

그의 아버지는 그가 도쿄대학을 나와 정치가가 되는 것이 꿈이었지만, 정의는 재일 한국인이 두각을 나타낼 수 있는 분야는 사업밖에는 없다는 생각을 분명히 가지고 있었습니다. 그리고 사업을 한다면 일본이라는 좁은 무대가 아닌 세계를 아우르는 기업인이 되고 싶었습니다. 그러기 위해서 그는 더 넓은 세계로 나가서 공부해야 한다는 결론을 얻었습니다.

그때 그의 아버지는 건강이 나빠 병원에 입원을 하고 계신 중이었습니다. 보통 사람 같으면 그런 상황에서 병든 아버지를 두고 훌쩍 떠나기가 쉽지 않은 일이었습니다. 그러나 정의의 결심에는 흔들림이 없었습니다.

"정의야! 아버지께서 많이 편찮으신데, 고등학교를 졸업한 다음에 유학을 가도 되지 않겠니?"

어머니가 눈물로 호소했지만, 정의의 마음을 되돌릴 수는 없었습니다.

"어머니, 너무 염려하지 마세요. 아버지도 치료를 받고 계시니 곧 나으실 겁니다. 이왕 어렵게 결단한 일이니 실천해야지요. 대신 공부를 마치면 일본으로 꼭 다시 돌아오겠습니다."

"그래도 다시 한 번 생각해 보렴. 나는 네가 유학을 가더라도 일본에서 고등학교를 졸업한 후에 갔으면 해."

"……."

어머니가 간곡히 부탁했지만, 그는 대꾸하지 않고 입을 다물어 버렸습니다. 더 이상 어머니와 말싸움을 하고 싶지 않았기 때문이었습니다. 아들의 고집을 꺾을 수 없다는 것을 알고 어머니도 더 이상 말을 하지 않았습니다. 결국 그는 어머니의 눈물 어린 만류를 뿌리치고 미국 유학길에 올랐습니다.

그는 어릴 때부터 성질이 몹시 급했는데, 그것은 그가 인생의 계획을 세워 놓고 그 계획표를 따라 살려고 하다 보니 시간의 단축이 그만큼 중요했기 때문이었습니다. 그가 미국에 가자마자 고등학교를 3주 만에 졸업한 일은 믿기 어려운 전설 같은 이야기로 전해져 오고 있습니다.

미국의 고등학교에 들어간 손정의는 며칠 안 되어 교장실을 찾아가 다짜고짜 이렇게 말했다고 합니다.

"교장 선생님! 지금 배우고 있는 수업 내용이 저에겐 너무 쉽고 배울 것이 별로 없습니다. 고등학교를 빨리 졸업할 수 있는 방법이 없습니까?"

"졸업을 빨리 하고 싶다고?"

"네, 교장 선생님. 저에게는 그만큼 급한 일입니다."

"그럼 대학 입학 검정고시를 한번 치러 보게. 그러면 동기들보다 먼저 대학에 들어갈 수 있을 걸세."

"잘 알겠습니다, 교장 선생님."

교장 선생님은 곧장 그에게 대학 입학 자격 검정 시험을 추천해 주었습니다.

그러나 아무리 천재라도 영어에 아직 익숙하지 못한 그로서는 이 시험이 무리일 수밖에 없었습니다. 미국에 와서 공부한 기간도 몹시 짧은 데다가 검정고시 문제를 한 번도 접해보지 못한 그에게 합격은 거의 불가능한 일이었습니다.

그러나 그는 '패배는 곧 죽음'이라는 생각을 가지고, 검정고시를 치르는 날 시험관에게 다가가 당돌하게 이의를 제기했습니다.

"시험관님! 제가 보는 이 시험 문제를 일본어로 번역해 주십시오. 누구는 모국어로 시험을 보는데, 저는 외국어로 본다는 것은 공평하지 못한 일이라고 생각합니다."

결국 그는 시험장에 들어갈 때 영어사전을 지참할 수 있었고, 2주일간에 걸쳐 시험 문제를 풀 수 있는 특전을 얻어 시험에 합격하게 되었습니다. 이제 겨우 고등학교 1학년밖에 안 된 손정의의 배짱과 수완에 놀라지 않을 수 없습니다.

손정의는 1975년 홀리네임즈 대학교 입학하면서 지금까지 사용해

왔던 '야스모토 마사요시'라는 일본 이름을 버리고 비로소 자신의 본명인 '손정의'라는 이름을 사용하기 시작했습니다.

"그때 저는 너무 감격해서 울었습니다. 너무나 흥분해서 눈물이 멈추지 않았습니다. 저는 사진을 오려서 투명한 파일에 끼워 넣고 그것을 껴안고 잤습니다. 6개월 동안 그 감동에 빠져 살았습니다."

2년 후, 캘리포니아 주립대학으로 편입한 그는 자기의 능력을 최대한으로 발휘하여 '음성 장치 부착 다국어 번역기'를 발명해 냈습니다. 그리고 1978년 여름, 방학을 이용하여 그 번역기를 가지고 일본으로 건너가 여러 회사들을 찾아다니며 계약을 부탁했습니다.

그러나 그의 생각과 달리 가는 곳마다 퇴짜를 맞았습니다. 번역기를 만들어 보겠다는 회사가 나타나질 않았습니다. 일본으로 올 때는 즉시 계약이 성사되리라는 부푼 기대에 부풀어 있었는데, 회사 사장들이 제품을 거들떠보지도 않으니 실망이 너무 컸습니다.

'아, 내가 만든 다국어 번역기가 그토록 쓸모가 없다는 말인가!'

지쳐서 더 이상 회사를 찾아다닐 용기가 나지 않았습니다.

그런데 우울한 마음으로 힘들게 회사를 찾아다니던 어느 날 오후, 뜻밖에 반가운 소식이 날아왔습니다. 샤프(Sharp Corporation)로부터 다국어 번역기를 계약하자는 연락이 온 것입니다.

그길로 샤프를 찾아간 손정의는 드디어 계약을 맺고 계약금으로 자

그마치 1백만 달러를 거머쥐었습니다. 어린 나이에 이런 일을 해낸 손정의도 대단하지만, 더 놀랍고 훌륭한 것은 이제 겨우 스물한 살 먹은 애송이 청년을 믿고 상대해 준 샤프의 전무 사사키 마사의 인물 됨됨이였습니다.

후일 사사키는 당시 상황을 이렇게 회고했습니다.

"눈을 보면 그 사람을 알 수 있지. 빛나는 그의 눈빛은 다른 사람과 달랐어."

그 후 손정의는 일본의 중고 인베이더 게임기를 미국에 팔아 많은 수입을 올리기도 하였습니다.

그러는 사이에 그는 1980년 3월, 캘리포니아 주립대학 버클리 캠퍼스를 졸업하고 일본으로 돌아와 자본금 1억 엔, 단 2명의 직원으로 일본 소프트뱅크를 설립했습니다. 회사를 시작한 그날, 그는 사과 궤짝을 엎어놓고 그 위에 올라가 '1조 엔 매출 목표'를 역설했습니다.

"사원 여러분! 우리는 이제 회사를 설립했습니다. 여러분과 내가 열심히 일을 한다면 일 년에 1조 엔 매출은 충분히 올릴 수가 있습니다. 우리, 열심히 일해 봅시다."

일 년 만에 1조 엔 매출이라니!

그의 연설에 2명의 직원은 어안이 벙벙해서 입을 떡 벌렸습니다. 이 날 받은 충격 때문이었는지 그들은 겨우 두 달을 버티다가 모두 회사를 그만두고 말았습니다. 이 황당한 일화는 일본 사회에서 오랫동안 입에서 입으로 떠돌았다고 합니다.

그러나 손정의는 회사를 설립하고 나서 1년 뒤에 기요히로 사장을 설득해 퍼스널 컴퓨터 전문점 독점 계약을 맺었습니다. 이것만으로도 그가 사람을 감동시켜 믿게 만드는 데에는 천부적인 재능을 타고난 인물이라는 것을 인정하지 않을 수 없습니다.

이 일을 계기로 회사는 날로 번창했습니다. 그러나 상품 구입 대금이 부족했습니다. 그러자 그는 제일권업은행(다이이치간교 은행)의 고지마치 지점장을 찾아가 또 한 번 그 특유의 말솜씨로 1억 엔이라는 거액을 대출받을 수 있었습니다. 그날 지점장의 전결 대출 금액은 2천만 엔에 불과했는데, 그는 그 금액의 5배인 1억 엔을 요청해서 대출을 받아내고 말았던 것입니다.

그는 자신을 믿어 주는 사람들을 보증인으로 세우는 사람으로 유명했습니다. 그를 믿고 조신전기에서 보증을 서 주었는가 하면, 샤프의 전무 사사키는 자신의 집까지 담보로 잡히며 보증을 서 주었다고 합니다. 이처럼 사람을 믿게 하는 그의 능력은 세상에서 따라올 자가 없었습니다.

손정의는 회사를 만든 지 1년 만에 수천 개에 달하는 전국의 판매점을 조직화하는 데 성공했습니다. 1982년에는 사원 35명, 매출액 35억 엔에 이르면서 소프트뱅크는 사람들이 눈을 의심할 정도로 빠른 속도로 성장했습니다.

그 후 사업은 더욱 확장되었습니다. 손정의는 세계 최대의 컴퓨터 회사와 출판회사를 시작으로 하여 1년 8개월 동안 미국의 첨단 기업을 7개나 사들이면서 드디어 세계적인 사업가로 이름을 날리게 되었습니다.

이 무렵, 손정의는 마이크로소프트의 빌 게이츠를 만나게 되는데, 이 두 사람은 서로 마음이 맞아 1996년엔 퍼스널 컴퓨터용 게임 소프트웨어를 개발하여 판매하는 게임뱅크 사를 공동으로 설립하기도 했습니다. 게임뱅크를 창립한 뒤 빌 게이츠는 일부러 일본을 방문하여 기자회견 자리에 손정의를 동석시켜 그의 기를 살려 주었습니다. 손정의 역시 기자들로부터 자신을 게이츠와 비교하는 질문을 받으면 자신은 빌 게이츠 같은 거물의 발끝에도 못 미친다는 식으로 겸손한 답변을 하곤 했습니다.

그 이후로도 손정의는 날로 사업을 번창시킴으로써 일본인들로부터 놀림 받고 멸시 받던 가난한 생선장수의 아들에서 세계적인 기업가로 발돋움하고 있습니다.

우리가 앞날을 살아가는 데 있어서 실수는 자연히 있게 마련이지만 실수는 한 번으로 끝나야 합니다. 같은 실수를 계속해서 두 번 세 번 반복한다면 그 사람은 결단력과 용기가 없는 사람이고, 자신의 결점을 없애기 위해 노력하지 않는 사람일 것입니다. 그러한 결단력과 신념과 용기, 보다 나은 내가 되기 위해 노력하는 자세가 없다면 그 사람은 자존심이 없는 사람이고 결코 성공할 수 없는 사람입니다.

자존심은 자신을 지켜주는 최후의 보루입니다. 그리고 자존심이 없는 사람은 희망이 없는 사람이라는 것을 잊지 마시기 바랍니다.

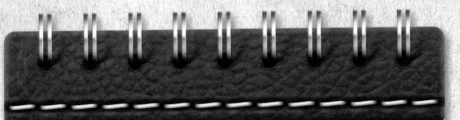

손정의

孫正義 Son Masayoshi

- 일본 소프트뱅크 그룹 회장
- 기업인
- 국적 : 일본
- 출생 : 1957년 8월 11일, 일본
- 활동 분야 : 경제
- 주요 업적 : 2000년 〈포브스〉지 '올해의 비즈니스맨', 2012년 일본 부자 3위

대표 명언

오르고 싶은 산을 결정하라. 이것으로 인생의 반은 결정된다. 자신이 오르고 싶은 산을 정하지 않고 걷는 것은 길을 잃고 헤매는 것과 같다.

자신의 한계는 포기하고 싶은 자신의 마음이 결정하는 것이다. 포기하지 않는 이상 한계는 없다.

운명을 바꿀 수 있는 유일한 열쇠는 감동이다.

리카싱

중학교 중퇴의 학력으로
아시아 최대 갑부가 된 비결

홍콩의 억만장자 리카싱은 전 세계 54개 나라에서 500여 개의 기업을 운영하는 아시아 최대의 갑부입니다. 그의 재산은 무려 335억 달러로 우리 돈으로 약 30조 원에 이른다고 합니다.

현재 이렇게 어마어마한 부자가 된 리카싱은 1928년, 중국 광둥성 차오저우에서 초등학교 교장의 아들로 태어났습니다. '리카싱'은 홍콩어 발음이고, 중국어 발음으로는 '리자청'입니다.

1939년, 일본이 중국을 침략하자, 그는 부모님을 따라 홍콩으로 이주하여 외삼촌 집에서 살았습니다. 그런데 2년 뒤, 아버지가 갑자기 병환으로 세상을 떠나시면서 가정 형편이 몹시 어려워졌습니다. 그때 중학교 1학년이었던 리카싱은 학업을 포기하고 돈을 벌어야만 했습니다.

그가 처음 일을 한 곳은 외삼촌이 운영하는 손목시계 제조회사였습니다. 여기서 그가 한 일은 청소를 하고 차를 끓이는 잡일이었는데, 그는 매일 아침 가장 먼저 출근해서 저녁에는 뒷정리를 한 다음 가장 늦게 퇴근을 했습니다.

그는 이곳에서 3년을 일한 뒤, 17살이 되던 해에 철물과 플라스틱을 주로 만드는 회사에 들어가 영업사원으로 일했습니다. 말단사원으로 입사한 그는 몸을 아끼지 않고 열심히 일을 해서 엄청난 영업 실적을 올렸습니다. 회사가 생긴 이래 가장 높은 매출 실적을 올리자, 사장은 2년 만에 그를 과장으로 승진시켰습니다. 이때 그의 나이 겨우

18살이었습니다. 이때부터 벌써 그의 남다른 집중력·결단력·근면성 등이 나타났던 것입니다.

그런데 그는 자기 또래 학생들이 학교 다니는 모습을 볼 때마다 부럽기 그지없었습니다. 그래서 비록 학교에서 정규 교육을 받지는 못했지만, 교과서와 역사책을 사서 혼자 공부를 해나갔습니다. 그리고 월급을 받으면 책을 사는 외에는 돈을 거의 쓰지 않고 고스란히 저축을 했습니다. 그렇게 해서 스물두 살이 되었을 때, 그는 그 공장을 사들여 어엿한 사장이 되었습니다.

그는 플라스틱으로 장난감과 가정용품을 만들어 유럽과 미국으로 수출했습니다. 공장을 세운 후 10여 년 동안, 그는 휴일도 없이 일주일 내내 일을 하였고, 매일 최소한 16시간씩 작업을 했습니다. 그리고 나서 또 밤에는 경영학과 과학책을 열심히 읽었습니다.

수출 물량이 점점 늘어나면서 공장의 생산 일손이 부족해지자, 그는 직접 뛰어다니며 판매와 수금을 했습니다. 그러자니 항상 잠이 모자라 아침에는 자명종 소리를 듣고서야 겨우 일어날 수 있을 만큼 힘들었습니다. 그러나 그의 공장에서 만든 물건들이 재고 없이 모두 팔려나갔으므로 수입은 점점 늘어갔습니다.

자산 규모가 커지자, 그는 이익금의 일부를 부동산 개발 사업에 투자했습니다. 부동산 시장이 침체되어 있을 때 싼값으로 사들였다가 값이 오를 때 되팔았기 때문에 이 사업에서는 그야말로 땅 짚고 헤엄치기로 돈이 쉽게 모아졌습니다.

리카싱이 그 다음에 시작한 것은 항만사업이었습니다. 그는 영국계 무역상사 허치슨 왐포아를 매입하여 회사를 확장했습니다. 그런데 당시 대다수 항구는 국가가 직접 운영했기 때문에 이 분야의 회사들은 기껏해야 손익분기점 수준에 머물러 있을 뿐 많은 이익을 얻지 못하고 있었습니다.

그와 달리 홍콩에서는 민간 업체 세 곳이 장악을 하고 있었는데, 이 업체들은 항만 준설에서 터미널 시설 건립에 이르기까지 모든 일을 자체적으로 처리했습니다. 리카싱도 홍콩 항만시설에 6억 달러 이상을 투자하여 자체 부두 시설을 갖추었습니다. 트럭으로 하루 1만 대를 소화할 수 있을 정도로 대단히 넓은 면적이었습니다. 이후 리카싱은 인도네시아에 진출하여 자카르타 항을 개발했습니다. 현재 이 항구는 세계 첨단의 시설을 갖춘 컨테이너 터미널 중의 하나가 되었습니다. 이러한 과정을 거쳐 마침내 리카싱의 회사는 '청쿵'이라는 거대한 그룹으로 우뚝 섰습니다.

어느 날, 승용차에 타고 있던 리카싱이 호주머니에서 손수건을 꺼

내다가 창문 밖으로 동전 하나를 떨어뜨렸습니다. 밖에는 추적추적 비가 내리고 있었지만, 그는 기어이 차에서 내려 그 동전을 주우려고 했습니다. 그 모습을 보고 있던 옆자리의 비서가 얼른 그 동전을 주워 와서 그에게 주었습니다. 그러자 동전을 돌려받은 리카싱은 지갑에서 10달러짜리 지폐를 꺼내 비서에게 팁을 주는 것이었습니다.

"자네가 줍지 않았다면, 이 동전은 빗물에 씻겨 내려가 낭비될 뻔 했네. 하지만 내가 자네에게 주는 이 10달러는 절대 낭비되지 않을 거야. 자네는 그 지폐를 반드시 필요한 데 쓸 테니까."

위와 같은 일화에서 알 수 있듯이 리카싱은 어마어마한 부자지만 대단히 검소하기로 유명합니다. 아시아 최고의 부호임에도 불구하고 한 달에 겨우 65만 원의 봉급을 받고, 10년 된 양복을 입으며, 3만 원짜리 손목시계를 착용했습니다. 또한 그는 식생활에서도 매우 소박해서 매주 월요일 자녀와 손자들을 불러 식사할 때에도 밥상에는 항상 국

| 홍콩에 있는 리카싱 타워

한 그릇과 반찬 네 가지가 전부였습니다. 이것은 그가 60년간 변함없이 지켜온 철칙이라고 합니다.

이러한 그의 절약 정신은 어린 시절의 가난에서 비롯되었습니다. 중학교를 중퇴하고 찻집 종업원과 시계공장 사환, 플라스틱 회사 영업사원 등의 직업을 전전하며 가장의 역할을 해야 했던 그는 포기하거나 현재에 만족하지 않고, 끊임없이 미래를 준비하며 변신을 거듭했습니다. 또한 도전 과정에서 사회의 새로운 변화를 현장에서 몸소 터득했고, 이를 적극적으로 수용해 미래를 예측하는 훈련 과정으로 삼았습니다. 그의 성공은 자기 자신을 믿고 항상 긍정적인 생각을 했기에 가능한 일이었습니다.

리카싱은 가난하고 힘들었던 시절을 돌아보며 가까운 사람들에게 항상 이렇게 말한다고 합니다.

"사람은 어려움과 슬픔을 참고 이겨내는 법을 배워야 합니다. 그래야만 성공이란 것이 무엇인지, 또 진정한 행복이 무엇인지 비로소 이해할 수 있습니다."

기회는 고통 속에서도 꿈을 꾸는 사람에게만 주어지는 것이라는 사실을 깨닫게 해 주는 말입니다.

그는 전 재산의 3분의 1 이상을 사회에 기부하기도 했습니다. 이렇게 기부 활동에 힘을 쏟는 리커싱에게 기자들이 그 이유를 물었습니다.

"회장님, 힘들게 버신 돈인데, 그렇게 많은 재산을 내놓으시기 아깝지 않으셨나요?"

그 말에 리커싱은 이렇게 대답했습니다.

"성공한 사람과 그렇지 못한 사람의 가장 큰 차이점은, 성공한 사람은 어제보다 지혜롭고, 어제보다 너그러우며, 어제보다 삶을 잘 알고, 어제보다 잘 베풀며, 어제보다 여유롭다는 것입니다."

돈을 많이 벌었다고 해도 사회를 위해 공헌하지 않으면 귀하지 않고 오히려 천한 일이라는 것이 그의 생각이었습니다. 바로 이 점이 그가 워렌 버핏이나 빌 게이츠처럼 많은 사람들로부터 존경받는 기업인이 될 수 있었던 이유였습니다.

리카싱이 자신의 회사를 아시아 최대 기업으로 성장시킬 수 있었던 데는 그의 탁월한 인재 육성이 큰 몫을 했습니다. 그는 회사가 일정한 수준까지 성장한 뒤 한 단계 더 발전할 수 있는가의 여부는 전적으로 인재를 어떻게 기용하느냐에 달려 있다는 점을 분명히 알고 있었습니다. 그는 회사가 더 높은 성장의 단계로 뛰어올라야 할 시점에 이르자, 창업 때부터 그를 돕고 같이 회사를 키워온 '동지'들을 물러나게 하고 과감하게 젊은 전문가들을 뽑았습니다. 그와 동시에 야간학교를 세워 직원 교육을 시켰고, 능력 있는 유망한 직원들을 외국에 보내 선진 기술을 배워오도록 했습니다.

리카싱이 이끄는 '청쿵 그룹'에는 뛰어난 금융지식과 비범한 분석력을 갖춘 재무 전문가가 있습니다. 또한 오랜 경험을 가진 노련한 부동산 전문가, 젊고 생기발랄한 홍콩인도 있습니다. 그가 기용한 서양의 전문가 그룹은 서양의 선진 기업 관리 경험을 업무에 적용함으로써 청쿵 그룹이 경제적이고 과학적이며 효율적으로 운영되도록 했습니다.

2006년 6월, 리카싱은 자신이 세운 중국 광동성 산터우대학 졸업식 연설에서 이렇게 말했습니다.

"내가 지나치게 교만한 것은 아닌지 항상 나에게 묻는 것, 이것이 나의 성공비결입니다."

또한 그는 자신의 사무실에 '멈춤을 알라'라는 글귀를 걸어 놓고 언제나 자신을 뒤돌아보며 경계한다고 합니다.

그는 학교 교육이라고는 중학교 1학년도 마치지 못했지만, 독학으로 공부해서 검정고시로 중학교와 고등학교 과정을 마쳤습니다. 너무 가난해서 학교도 다닐 수 없는 형편이었지만 목표를 세우고 그 목표에 도달하기 위해 끊임없이 노력했습니다. 그는 자신의 발전을 위해 독서를 게을리하지 않았습니다. 그는 90세가 넘은 나이에도 자기계발을 위해 항상 잠들기 30분 전에 경제·사회·문화·과학 등 여러 분야의 책을 읽는다고 합니다. 그가 탁월한 수준의 영어를 하는 것도 매일 영어 뉴스를 보면서 모르는 단어가 나오면 사전을 찾아 암기하는 습관을 가지고 있기 때문이라고 합니다.

부자가 되었지만 그것에 머무르지 않고 더 나은 내일을 위해 끊임없이 노력하는 사람, 힘들었던 시절을 잊지 않고 항상 겸손하며 가진 것을 어려운 사람들에게 아낌없이 나누어 줄 줄 아는 사람……. 이제 리카싱은 홍콩 사람들이 가장 존경하는 기업인으로 손꼽히고 있습니다.

리카싱
李嘉誠 Li Ka Sing

- 홍콩 청쿵 그룹 회장
- 기업인
- 국적 : 싱가포르
- 출생 : 1928년 7월 29일, 중국 광둥성
- 활동 분야 : 경제
- 주요 업적 : 2009년 경제전문지 '포브스' 선정 세계 '슈퍼리치' 16위

대표 명언

좋을 때 너무 좋게 보지 말고, 나쁠 때 너무 나쁘게 보지 마라.

돈은 쓰는 것이지만 낭비해서는 안 된다.

성공한 상인과 그렇지 못한 상인의 가장 큰 차이점은
성공한 상인은 어제보다 지혜롭고, 더 너그러우며,
사람을 잘 알고, 잘 베풀며 더 여유롭다는 것이다.

오프라 윈프리

천대받던 빈민가 흑인 소녀의 눈부신 변신

어릴 적에 저는 집이 너무 가난하여
부모님과 외할머니 집을 전전하며 살았습니다.

아홉 살때에는 견디기 힘든 시련을 겪기도 했죠.

이후 열네 살 어린 나이에 미혼모가 되었고,
아이는 태어난 지 2주 만에 세상을 떠났습니다.

용기 내어 아버지께 고백했지만,
오히려 저를 나무라는 말에 죽고 싶은 심정이었죠.

154

오프라 윈프리는 1954년, 인종차별이 심했던 미국의 남부 미시
시피 주의 미시시피 강 근처 흑인 마을에서 18세 미혼모의 사생아
로 태어났습니다. 그녀의 엄마는 나이도 어린데다가 생계를 해결하
기 바빠서 자기가 낳은 딸을 돌볼 여력이 없었습니다. 어쩔 수 없이
외할머니 손에 맡겨진 오프라는 허드렛일을 하지 않거나 말을 듣지
않으면 매를 맞곤 했습니다. 그런 와중에도 그녀는 3세 때부터 명
랑한 성격에 뛰어난 말솜씨와 암기력을 보여 동네 어른들의 귀여움
을 독차지하였습니다.

그러나 외할머니 역시 가난하기는 마찬가지였으므로, 생활이 어
려워지자 그녀는 떠넘겨지듯 테네시 주에서 이발사로 일하는 친아
버지에게 보내졌습니다. 그리고 얼마 후에는 다시 다른 남자와 재
혼한 엄마에게로 가서 지내야 했습니다. 이런 식으로 그녀는 외할
머니, 친아버지, 어머니 사이를 왔다 갔다 하며 불안정한 어린 시절
을 보냈습니다.

그녀는 얼마나 가난했던지 어렸을 때는 양말은 물론이고 신발조
차 없어서 맨발로 다닐 정도였습니다. 자연히 먹을 음식도 늘 부족
해서 굶기를 밥 먹듯 해야 했습니다. 뿐만이 아니었습니다. 아홉 살

이 되던 해, 그녀는 10대의 사촌오빠에게 성폭행당한 것을 시작으로 해서 열네 살의 어린 나이에 임신을 하고 말았습니다. 그 누구에게도 도움을 받을 수 없는 처지였던 그녀는 친아버지를 찾아갔지만 도움은커녕 마음에 깊은 상처만 받았습니다.

"못된 행동이나 임신 같은 걸로 가족에 치욕을 안기느니 차라리 죽어서 강물에 떠내려가는 게 낫겠다."

눈물을 머금고 돌아온 그녀는 아들을 낳고 나이 어린 미혼모가 되었지만, 불쌍하게도 그 아기는 태어난 지 2주 만에 세상을 떠나고 말았습니다. 끝없이 이어지는 가난과 고통스러운 삶을 견디다 못해 그녀는 차라리 죽는 게 낫겠다는 생각으로 몇 번이나 자살 기도를 했습니다. 그리고 그마저도 마음먹은 대로 되지 않자 집을 나가 나쁜 친구들과 어울리며 마약에까지 손을 댔습니다. 하루하루 지옥 같은 삶이 이어지면서 그녀는 삶의 의욕을 느낄 수가 없었습니다. 가난 속에서 항상 먹을 것이 부족해서 배를 곯았던 그녀는 한때 폭식으로 몸무게가 107kg에 이르기도 했습니다.

그러나 오프라는 이런 절망을 딛고 공부에 몰두하여 그 지역의 커뮤니티 대학을 졸업한 후, 우연히 그 지역 라디오 방송국 편집 책임자의 눈에 띄어 토크쇼 진행을 맡게 되었습니다. 그때 받았던 그녀의 보수는 최저 임금보다 조금 많은 정도였다고 하니, 현재의 그녀의 수입과 비교한다면 하늘과 땅 차이라고 할 수 있을 것입니다.

그래도 그녀는 개의치 않고 자기의 몸속에서 꿈틀거리는 숨은 능력을 마음껏 발휘하기 시작했습니다. 즉흥적인 그녀의 감정 전달 덕분에 많은 시청자가 모여들었고, 진행 시간도 낮 시간대로 옮겨지면서 시청률이 뛰어올랐습니다.

그 후, 오프라 윈프리는 시카고에서 시청률이 낮은 30분짜리 아침 토크쇼 '에이엠 시카고'의 진행자가 되었습니다. 그로부터 한 달 후, 이 프로그램은 시카고에서 가장 인기 있던 '도나휴 쇼'의 시청률을 능가하고 말았습니다.

오프라 윈프리는 이 토크쇼를 통해 마이클 잭슨, 톰 크루즈 등 유명 스타들과 각종 이슈를 만들어 냈고, 자신의 지나온 발자취를 토대로 하여 성폭행과 이혼, 아동문제에 대하여 진솔하게 이야기하면서 세상을 바꾸는 따뜻한 운동가로 변신해 나갔습니다. 이후로, 이 토크쇼는 '오프라 윈프리 쇼'로 이름을 바꾸어 전국으로 방송되었습니다.

그녀는 시카고 지역의 삼류 토크쇼를 미국 전역에 방영되는 최고의 프로그램으로 성장시켰습니다. 가슴속에 숨겨 둔 비밀스러운 상처까지 허물없이 털어놓게 만들면서 사람들에게 친숙하고 편안하게 다가간 그녀는 토크쇼 장르를 대중화시키며 큰 변화를 일으켰습니다. 그리하여 그녀의 이름을 내건 '오프라 윈프리 쇼'는 세계적으로 이름을 날리는 유명 프로그램이 되었습니다.

그녀는 지독한 가난과 불행한 어린 시절을 보냈지만, 오늘날 세계에서 가장 성공한 여성 중의 한 사람으로 손꼽히고 있습니다. 그녀는 어려운 환경에도 불구하고 자신이 지금처럼 성공할 수 있었던 것은 독서의 힘이었다고 말합니다. 어린 시절, 가난과 고통 속에서도 손에서 책을 놓지 않았는데, 이것이 부모님이나 선생님, 다른 누구의 보살핌이나 사랑도 받지 못하고 학대와 무관심 속에서 눈물로 보내야 했던 불행한 과거로부터 그녀를 구해 준 힘이었다는 것입니다.

책 읽기를 좋아했던 그녀는 친구가 없어서 강아지에게 성경을 읽어주다가, 언제부터인가 하루 동안 일어난 일들 중 감사한 일 다

| 자연재해로 피해를 입은 주민들을 찾은 오프라 윈프리

셋 가지를 찾아 기록하는 '감사 일기'를 하루도 빠짐없이 적어 나갔습니다.

감사의 내용을 보면 아래와 같습니다.

"오늘도 잠자리에서 일어날 수 있어서 감사하고, 눈부시고 파란 하늘을 보게 해 주셔서 감사하며, 점심 때 맛있는 스파게티를 먹게 해 주셔서 감사합니다. 그리고 얄미운 짓을 한 동료에게 화내지 않앴던 저의 참을성에 감사하고, 좋은 책을 읽었는데 그 책을 써 준 작가에게 감사합니다."

이처럼 그녀는 거창하거나 화려하지 않은, 지극히 일상적인 생활 속에서 감사를 발견하게 된 것입니다. 그녀는 감사 일기를 쓰면서 두 가지를 배우게 되었는데, 하나는 인생에서 소중한 것이 무엇인지 알게 되었다는 것, 또 하나는 삶의 초점을 어디에 맞춰야 하는지 알게 된 것이라고 합니다.

끊임없는 독서와 감사 일기 덕분에 그녀는 출판업계의 큰손으로 불리게 되었는데, 그녀가 추천한 책은 순식간에 베스트셀러가 되기 때문이었습니다. 이것을 '오프라 현상'이라고 부를 정도로 책에 있어서 오프라 윈프리가 독자들에게 미치는 영향은 어마어마했습니다.

그녀는 '오프라의 북 클럽'이라는 프로그램을 통해 책을 소개했는데, 여기를 통해 그동안 연속적으로 총 30권이 넘는 베스트셀러가 탄생했으며, 그녀가 출판업자들에게 안겨준 매출은 2억 달러나 된다고 합니다.

윈프리 오프라는 '미국 국민이 다시 책을 읽게 만들겠다'라고 다

짐할 정도로 깊은 신뢰를 받습니다. '독서가 내 인생을 바꿨습니다'라는 그녀의 말은 수백만 명의 사람들에게 책에 관심을 갖게 하고, 그녀가 추천하는 책은 불티나게 팔려 나갔습니다.

오프라 윈프리는 미국을 움직이는 또 하나의 힘이자 막강한 브랜드로, 눈부신 존재로 우뚝 섰습니다. 사람들은 오늘의 그녀를 있게 한 '오프라 쇼'의 인기가 아픈 과거에 대한 그녀의 진솔한 고백 때문이었다고 말합니다. 처음에 그녀는 자신의 어둡고 수치스러운 과거를 드러내는 것을 꺼렸습니다. 방송을 통해 그녀에 대한 사람들의 관심이 높아질수록 그녀는 더욱 숨죽이며 감추려고 애를 썼습니다.

그런데 어느 날, 그녀의 대담 프로 주제가 '성폭행'이었습니다. 방송이 시작되면서 성폭행에 대한 몇 가지 사례가 소개되고 피해자들의 이야기가 이어졌습니다.

잔인하고 끔찍한 이야기를 듣고 있던 오프라 윈프리는 지나간 자기의 과거가 떠오르면서 감정이 북받쳐 올랐습니다. 그 순간 그녀는 갑자기 그 자리에서 자신의 이야기를 솔직하게 털어놓았습니다.

그런 뒤 한 피해자를 감싸 안고 함께 흐느껴 울었습니다.

그 모습을 보고 방송국 안은 울음바다가 되었고, 그 장면이 미국 전역으로 방영되면서 많은 사람들이 성폭행에 대한 심각성과 잔인성을 실감하고 가슴으로 그 고통을 함께 나누었습니다. 그녀의 솔직한 언행에 감명 받은 많은 시청자들은 그날 이후 그녀를 더욱 신뢰하고 존경하게 되었습니다.

그녀는 현재 미국의 400대 부자에 등극하였고, 미국에서 가장 돈 잘 버는 여성으로 또는 미국에서 가장 영향력 있는 여성, UN이 선정한 세계적으로 영향력 있는 여성으로 손꼽히고 있습니다. 그녀의 재산은 현재 약 11억 달러를 넘었을 것이라고 하는데, 우리나라 돈으로 계산한다면 1조 원이 넘는 금액입니다.

미국 사회를 기회의 나라, 평등의 나라라고 하지만, 유색인종에 대한 편견이 엄연히 존재하는 사회에서 흑인인 그녀의 성공은 더욱 값지고 대단하게 평가되고 있습니다. 그녀는 엄청난 부와 명예를 거머쥐자, 이제는 어린 시절의 자신처럼 불우한 환경에 처해 있는 이들을 돕기 위해 꾸준히 노력하고 있습니다. 오프라 윈프리 재단을 설립하여 교육 환경이 열악한 학교에 책을 기부하거나 학교를 지어 주었고, 남아프리카 리더십 아카데미를 세워서 12개의 어려운 나라에 50개 이상의 학교를 세워 주었습니다. 그리고 가난에 허덕이는 남아프리카 어린이들에게 100만 달러의 물품을 전달하기도 하였습니다.

오프라 윈프리
Oprah Gail Winfrey

- 전 '오프라 윈프리 쇼' 진행자
- 국적 : 미국
- 방송인
- 출생 : 1954년 1월 29일. 미국
- 활동 분야 : 방송 연예
- 주요 업적 : 2013년 〈포브스〉 지 선정, '세계에서 가장 영향력 있는 유명인사 100인', 세계 유일의 흑인 억만장자

대표 명언

우리가 무슨 생각을 하느냐가 우리가 어떤 사람이 되는지를 결정한다.

앞으로 나아가는 동안은 환경을 탓하지 말고 남에게 의존하지 마라.

출세하기 위하여 외모에 집착하지 마라.

인 물 알 아 보 기

" 장애물이 앞길을 가로막을지라도 "

  꿈을 갖는 일이 무엇보다 중요하지만 그 꿈을 이루기까지는 많은 어려움이 따릅니다. 바다를 항해하여 먼 항구에 다다르려면 뱃멀미와 풍랑, 해적 같은 악조건들과 싸워야 하는 것처럼 꿈을 이루어 나가는 과정에는 생각지 못했던 장애물들이 앞을 가로막기 마련입니다.

  그 장애물이 무서워서 꿈을 움켜쥔 채 아예 한 발자국도 나아가지 못하는 사람이 있습니다. 어떤 이는 지금까지 꿈을 향해 힘차게 달려왔지만, 안타깝게도 뜻밖의 장애물 앞

166

에서 자신감을 잃고 꿈을 포기하기도 합니다. 결국 꿈을 이룬 사람과 그러지 못한 사람의 차이는 장애물 앞에서 어떻게 행동하느냐에 달려 있다 하겠습니다.

이제 저마다 가슴에 꿈을 품고 목표를 향해 걸어가는 자녀들에게 어떤 역경을 만나든지 꿈을 포기하지 않고 끝까지 달려가는 인내를 가르치시기 바랍니다. 3장에 등장하는 5인의 부자는 어린 시절 가난, 차별, 학대 등 힘겨운 고난을 이겨냈다는 공통점을 가지고 있습니다. 대부분의 사람들은 이런 절망적인 상황 앞에서 좌절하고 주저앉아 버립니다. 그렇게 주저앉은 채 꿈만 꾸다 맙니다.

그러나 눈앞의 장애물이 아닌, 그 너머에서 빛나는 꿈을 바라보고 달려갈 때, 마침내 그 꿈을 내 것으로 만들 수 있습니다. 부디 자녀들이 이들 부자들에게서 성공의 열매만 보지 않고, 그 열매를 얻기까지 흘린 땀과 수고, 눈물을 볼 수 있도록 가르쳐 주시기 바랍니다.